羊咩老師
著

第二堂人生國文課

以文字為燈，一場國文課的溫柔革命

目錄

第2篇 抉擇是人生的考卷

是文學還是人生？——從經典對話汲取現代智慧

——宋怡慧

在AI技術日新月異的時代，教育現場正面臨前所未有的挑戰。當知識不再受限於實體教學，當線上資源如雨後春筍般湧現，教師的角色與實質價值該如何重新定位？羊咩老師帶領我們思考：教師存在的意義何在？我特別喜歡紀伯倫《先知》散文詩選提及的：

任何人能夠給你的啟發，
其實都已經在你知識的曙光中半睡半醒。
老師漫步在神殿的暗影中，

走在門徒之間，
他們奉獻的不是智慧，而是信念與愛心。

或許，老師的價值不僅在於幫助學生累積知識，更重要的是使其綻放思想之光，猶如點燃他們智慧的火炬手，讓遠方的微光照亮他們未來前行的旅程。

羊咩老師不囿於傳統思維的框架，每當她解讀經典時，都是對自我價值的重新爬梳，這何嘗不是師者面對人生困惑的勇氣。例如，她在韓愈「師者，傳道授業解惑也」的定義下，提出現代師者的角色定位——我們應該為孩子傳授何種「道」？教導何種「業」？解答何種人生之「惑」？當一位教師願意為孩子重新調整自己對徐志摩渣男觀的偏見時，你就明白，孩子是她謙卑蹲低的理由。

在快節奏的生活中，我們幾乎很少停下腳步思考。當我們翻閱這本書的每個扉頁，就如同開啟一場場靈魂與靈魂的對話，與書中智者哲人進行精采的思辨與交流。最近，有人問我這個問題：閱讀經典的意義為何？人生善惡的底線又該如何界定？

沒有底線的成功，是否最終只會淪為一場人類的災難？誠如諾貝爾文學獎得主韓江說：「我雖然沒有和人生和解，但終究還是要重新活下去。」面對生活的苦與痛，我們都要像范仲淹一樣思考，先天下之憂而憂，後天下之樂而樂，仁者必然心懷他人的困頓愁苦，而非只想著自己的飛黃騰達或功成名就。

細讀羊咩老師的這篇文章，我彷彿發現：超越時空的人生智慧，往往蘊藏於千年歷久彌新的經典之中。從陶淵明的〈桃花源記〉到李斯的人生抉擇，優游文字之中，你我宛如進行一場新舊思想的洗禮，使我們反思：何為真正的理想美境？當我們在追尋屬於自己的桃花源亦或是成功的彼岸時，幸福或許離我們並不遙遠，陷於盲目追逐又隨波逐流時，我們也失去尋覓安放心靈歸處的清明了。一如薇薇安・格林曾說：「生活不是等待暴風雨過去，而是學會在雨中跳舞。」

讓我尤為感佩的是，作者羊咩老師憑藉自身豐富的生活體悟，深入探究流行文化與經典文本的交集，她如同古今對話的轉譯者，巧妙運用現代讀者熟悉的流行語彙，將其與古典文本的智慧融合為一體，創造出極具時代感的課文解讀，並賦予古典文學嶄新的教學意義。

她幽默風趣的旁徵博引，不僅豐富讀者的認知世界，也為我們提供多元的生命選項，引導我們挖掘內心深處那片尚未開啟的哲學風景——陶淵明在黑暗中選擇了恬靜隱逸、張幼儀在遺棄的痛苦裡學會了堅韌有情、李斯的野心勃勃失去善良底線，落得最後悲慘的下場——這都是我們生命中可能遇見的處境。

文學與日常交會之處，提醒我們選擇的多樣性與複雜性，往往是我們再次反思才行動的起點。一如她為孩子們開啟一場場與作者與之間親近又深刻的心靈對話。例如，她將奉俊昊導演的《寄生上流》與魯迅的〈孔乙己〉進行跨文本、跨時空的對比剖析，不僅映照出人們內在的需求，也探討現實世界的貧富差距與階級問題，讓讀者得以在熟悉的日常和語境中，重新思考經典文本的深層意涵。我們得以在古人的生命敘事中，連結自己的價值與生命選擇，這樣的閱讀時光往往是最珍貴的自我發現之旅，更是在拼湊靈魂中缺失的某一個缺口。

經典文學所蘊含的養分，不僅豐富我們的思想，也實實在在地滋養著我們的日常選擇與人生決策：我們從陶淵明那裡領悟「心遠地自偏」的智慧，便能在喧囂的世界中尋得內心的寧靜；當我們從虯髯客的決定中體會「放手」的價值，便能在兩難的局面做出更從容的人生選擇；當我們窺見李斯成功與失敗的奧義，便能在追逐自我實現之際，不忘守護集體的道德底線。那些經歷時間洗鍊仍閃耀光芒的經典智慧，它之所以能夠穿越時空、觸動人心，正是因為它提供我們無數解答與省思的可能性。

文學作品不僅是對每個世代對生命態度的集體記憶，更是對我們人生的提醒——即使身陷困境，也不應讓環境決定我們的思維方式；即使面對不公，也要懷抱正義與向善的勇氣。在階級與命運的束縛之下，我們不再怨天尤人，反以逆增上緣的方式，找到自我救贖的可能。書中讓我印象深刻的一句話是來自孩子們的體會——「真正能熨平人心傷痛的，應該還是善良。」這句話深深觸動了我。善良如光，它能讓失溫的人尋得溫暖，讓身處困境的人，依然擁有選擇的權利：我們能努力向上尋找躍遷的階梯，也能選擇向下依存的關懷。

無論是教育的本質、文化傳承，還是時代變遷與人生格局，那些閃耀著哲思光芒的智慧，在羊咩老師的文字指引下，讓讀者能穿越迷惘之霧邁向更深遠的洞見之處。在她抽絲剝繭的敘寫之中，我們得以現代視角重新審視教育與經典的當代意義與價值，並在對文學美學、道德抉擇與人性複雜性的探問中，逐步尋找那些耐人尋味的答案。如同書中所云：「人世間的情感，真的不是只有愛情一種答案。」它更延伸至「恩義」與「道義」的境界。

羊咩老師的新書《第二堂人生國文課》讓我們在日常瑣碎中看見經典的永恆，在平凡生活裡體驗超凡人生思考。我們深知，真正的教育不只是知識的傳授，更是視野的開拓與格局的養成；真正的文學不在於逃離現實，而是更深刻地回歸現實。這場人生的探索始於教育者的困惑，卻以跨越千年的對話獲得的人生智慧作結。

或許，當我們不再執著於外界的評價與眼光時，便真正擁有溫柔革命的智慧，且漸漸行走在內心豐盈與平靜的人生之道了。

（本文作者為作家、丹鳳高中圖書館主任）

推薦序

直面人生的國文課

——黃國珍

說起我個人國高中國文課的記憶，腦中就會浮現背誦文言文經典選文及註釋的記憶。關於作品與作者的重要性，因為準備考試的需要，被老師區分為「會考」與「不會考」兩類。這樣的學習應該不是當初課程規劃與選文所期待的課堂，但從多數朋友共有的記憶來看，這已是世代的記憶與國文課堂的常態。先前多所頂大的科技系所決定不採計國文科成績的新聞衝擊大眾的認知，細思其背後的原因，我認為與失去核心價值的國文課所造成的深層影響有關。

不過，在相對保守的國文教學慣性裡，依舊有教師願意以更為貼近文學內涵與生命意義的面向，帶領同學開放且深入國文課本的選文探究與學習。但這樣的教學理念需要不與時人彈同調的思維與「直面」的態度。《第二堂人生國文課》的作者羊咩老師就以這樣的精神創造她的課堂並貫穿全書。

羊咩老師給《第二堂人生國文課》的自序一個極具挑釁的標題：「國文老師，你老教些沒有用的東西？」雖然這句話是來自於一則師生對話的笑話，卻也反映國文科在今日的困境。但羊咩老師似乎想要以書名來回答序文標題的質疑，並以全書的篇幅，直面這個時代對國文課的偏見，提醒兩千三百年前那位夢蝶人曾說過：「無用之用，是為大用」的洞見。

閱讀這本書的過程，好像化身坐在羊咩老師教室裡學生，聽她談自己閱讀課文的感觸，同理作者的心境，品評字裡行間展現的生命面貌，將國文課轉化為一場跨越時空的交流管道，而不僅僅是解讀字句或考古題的過程。她不迴避學生對古典文本「難懂」、「無趣」的抱怨，也不渲染經典的價值，而是用心挖掘其中的生命經驗與人性掙扎。讓學生看見，古人也同樣經歷與我們相似的困境與抉擇，這些經典文本不該視為歷史遺跡，而是跨越時空的心靈對話。

這本書不只是羊咩老師直面國文課堂的態度，從書中三個主要篇名「檢視疲憊而執著的生活」、「抉擇是人生的考卷」與「放眼當代的社會」和其中所選的經典古文作品來看，課本編選的經典作品在羊咩老師的眼中，是作者「直面人生」的真實範例。例如以陶淵明在〈歸去來辭〉中直面官場的黑暗與實現自我的掙扎，終因同父異母的妹妹過世帶來的警醒，選擇歸隱田園做自己的心境，羊咩老師引述陶淵明諸多如獨白的詩文片段，細膩的勾勒出他的內在心境的掙扎與矛盾，在理想與現實之間搖擺不定的無奈與勇氣。讓我們看到文學背後真實而立體的靈魂，而不是被符號化的經典人物。

除此之外，古今情境的互文安排更是羊咩老師課堂的精華。藉由《俗女養成記》中陳嘉玲在職場中去留的擺盪與決絕，一個直面現實與想望的現代女子，巧妙地對應陶淵明的在他生活中的命題。這讓原本存在時空背景與心境上的疏離感，一下子有了現實的參照，更容易讓同學帶入屬於他們及這個時代的經驗與反思，使知識與生活產生連結，讓經典作者與作品成為生命的鏡子。

全書三個與生命相關的篇章命題與選文，都以這樣古今對應，充滿巧思的安排，在羊咩老師溫暖又堅定的文字裡，重新詮釋課本裡的經典文本，讓我們明白文學並非遙不可及的殿堂，它就在日常生活之中，等著我們去發現、去體悟。復活了國文課應有的面貌和值得認真看待的價值。

現今出版市場多數能登上排行榜的書，多是給予具體方法或是能即時帶來效益的著作，教育領域的書籍也是相同的情況。但《第二堂人生國文課》延續羊咩老師第一本書的思路，有別於給予顯見的操作方法，而是藉由探討與思索走入文字內容，帶出文學觸動與生命共鳴。像一場跨越古今的文學探索，一場思維的延展，更是一場關於國文教學的溫柔提醒，讓我們以感性與理性疊加的態度，懷著同理的心意去閱讀與對話，直面自己和這個世界。這種狀態下內在充滿的豐盛感受，將是每個人面對生命當下看似無用的大用。也是我閱讀這本書最大的收穫。

（本文作者為閱讀素養推手、品學堂創辦人）

推薦序

照見自我與社會的大用之學

——愛瑞克

此書的前作《上一堂人生國文課》是我最常在高中演講時，作為送給最認真聽眾的禮物之一。為什麼呢？因為我和高中生們相差三十多歲，難免有代溝，而羊咩老師的書，成了我和高中生之間最佳的橋樑。

我的演講主題都是談如何活出更好的人生。說大道理，很無聊；說故事，很有得聊！經過一千多場中大型演講洗禮過後的我，演講都是說故事，把人生道理用故事包裝，偷渡進聽眾們心底。每五到十分鐘講一個故事，一小時的演講有五到十段故事，我就看著聽眾隨著劇情翻雲覆雨五到十次，最後我笑著收下例如「老師，這是我聽過最有趣的演講！」的聽講回饋，還有下課鐘響後，圍著我簽名、捨不得離開的學生們。

一個中年大叔能活到這樣，我是挺滿足的，暗自竊喜，彷彿頗有大用。直到有一天，我猛然驚醒：這不就是《上一堂人生國文課》的溝通模式啊！原來，最好的教育就是寓教於樂，透過動人的故事，引發對方熱切學習的心。難怪我用《上一堂人生國文課》當作演講現場的獎品，有時候聽眾還誤以為那是我寫的書啊！

《第二堂人生國文課》也是這樣的書，而且層次又更升級了。光是一篇〈桃花源記〉，羊咩老師就可以引用來自聖經、佛經、金恩牧師、《柴靜霧霾調查：穹頂之下》、《天空之城》的諸多智慧，進行交叉比對與賞析，讓我讀來大呼過癮！此書的用心，並不在於作者層層堆疊跨領域博學的智慧，而是在於像剝洋蔥般地一層一層深入到讀者自己內心。結尾的一段「桃花源的入口，終歸在自己的心。」如此柔情似水，又擲地有聲，聲響足以驚醒每一位還在作白日夢的上班族——彷彿在對每一位讀者提出「這真的是你要的人生嗎？」的靈魂拷問，鏗鏘有力；這樣的書寫境界，不同凡響。

我很喜歡這本書，不僅止於博學智慧與深刻入心，還加上探討人生各層面之廣，以及應用到日常生活之實用。書中以陶淵明〈歸去來辭〉、知名影劇《俗女養成記》、《史記．李斯列傳》、《內在原力》分析辦公室政治及職場厚黑學；以徐志摩的生平探討婚姻及兩性關係、以杜光庭〈虯髯客傳〉及金庸《天龍八部》訴說對不安與執著的斷捨離；以《寄生上流》與〈孔乙己〉解析社會現象以及人際關係應對進退；以《捍衛戰士2》及〈鹿港乘桴記〉闡述個人成長以及人生下半場的諸多抉擇。

原來，我們一生中所遇到的幾件大事：職場、婚姻、個人成長、人際關係，甚至未來AI世界的生存之道，都已羅列此書之中。原來，國文也可以是照見自我與社會的大用之學，端看有沒有遇到好的老師來教！

甚幸，拜讀了羊咩老師此一大作，讓我又上了一堂寶貴的人生課。此書有大用，絕非僅是為高中生而寫的，是為社會上每一個人所寫的。

（本文作者為TMBA共同創辦人、《內在原力》系列作者）

作者序

國文老師，你老教些沒有用的東西？

時隔三年，《第二堂人生國文課》終於推出。

第一本書時，我手上正領著一群高一孩子，當時他們拿著我的第一本書《上一堂人生國文課》，笑說，老師，我如果都看完了，上課是不是可以不聽了？我說，裡面有一些你們之後才會碰到的課文，為避免「劇透」，可以等高三畢業再來看我的書。

轉眼間，他們就畢業了。送走了這群畢業生，我才能靜下心，將這三年再次操作過的課程，一篇一篇記錄整理。

這三年間，臺灣的教育環境變了又變，我們經歷了疫情，經歷了新課綱文言篇數、文言教法的爭論。國文這一學科的教材教法與其價值，三不五時就被拿出來討論爭執一番。國文的教學越來越不易，外界對人文學科的輕視始終存在。

有個老笑話：

學生說：「老師，你教的都是沒用的東西。」

老師說：「我不許你們這麼說自己。」

我可不敢說學生無用，他們很年輕，未來大有可為——無用的可能是我自己，在教室外，風風雨雨，彷彿一陣陣的嘲弄與訕笑：嘲弄著這些食古不化的國文老師，訕笑著我們淨教些沒有用的東西。

但關起門窗，教室裡，這群學生跟著我，一篇一篇的讀著。他們讀、他們聆聽，他們為之流淚。他們在國文課堂上的專注眼神，是課堂上最立即的回饋；而更有一些迴響，是需要時間發酵醞釀的。

學測前夕，高三考生複習著過去學過的篇章，突然嘆了口氣：「老師，這真的寫得很好。」

高一時購買我第一本書的孩子，在畢業前夕跟我說：「老師，高一時我看不大懂你的書，但現在畢業了我重看一次，好幾篇突然好想哭！」

畢業多年的學生回來，告訴我大學生活的種種不順。生了一場大病，多少雄心壯志都被耽擱下來。養病期間百無聊賴，恰好我出了第一本書，他買來讀，也把過去國文課學到的作家名篇找來重讀，讀著讀著，久病的焦躁鬱悶逐漸消散，他的心得以沉澱。

這些真的是沒用的東西嗎？

他不見得立即見效，有太多篇文章，需要年紀與歷練的發酵，然後人生的某一刻，後勁突然湧上，那種醺然迷茫的感受，讓人又想哭、又想笑。

特別是在每一次的空虛低潮處，這後勁特別強。

於我自己，每一次生命的迷惘低潮處，都是靠著文學一篇一篇淘洗，在迷亂中沉澱出如沙金般的初衷與信念。

第一本書《上一堂人生國文課》，我用十四篇課文，和學生一起內觀自我，看自己、看原生家庭，看長久內耗的困擾憂思。

但文學終歸不能只是獨白囈語，他是從生活泥地中長出的植物。根植大地，涵蓋社會方方面面。

所以，這本《第二堂人生國文課》，我不再只用影劇漫畫結合。我們用課文看社會議題，看人性，更要看每一次人生關卡，自我的抉擇。

見自己，見眾生，見天地。

也許我還是太過理想主義的，國文課，還能不能達到「修身、齊家、治國、平天下」的願景？這樣的願景現在說來似乎古板的可笑，但我還是這麼希望著。

希望著，低頭見自己，抬頭見眾生，國文課是非常溫柔卻又堅韌的，我也希望，上過這堂課的孩子們，可以有著「常存懷疑卻不憤世嫉俗，常保溫柔但不懦弱怕事」——這樣的靈魂與心靈。

如果從底薪、年收入來看，這是門很無用的學科。但莊子說了，無用之用是為大用，顢頇愚昧的我，還是堅持著這麼無用的道路，堅持著一堂國文課的溫柔革命，一堂照見自我與社會的大用之學。

第1篇

檢視疲憊而執著的生活

人生到處知何似

玩一場擲骰無悔的人生大富翁

我曾有一個學期中轉入的學生，長相斯文，體育皆精，很快成為男孩們圍繞的對象。跟同齡男孩相比，他顯得沉靜許多。男孩們喜歡鼓譟拱他，但他總只是淡淡的笑著。

後來改到他的作文，才知道，長於單親家庭的他，從小學起，總跟著父親調任轉學。他走遍很多大城市，但無論是哪裡，他都待不長久：「我不知道要不要建立友誼，我甚至不知道我會在這裡待多久。」

文章的最後，他寫道：「風一吹，下一秒，我不知道我又會飛到哪裡？」

青春期的孩子，文句裡竟已有了漂泊的滄桑。

而同樣的感傷，蘇軾也曾在二十六歲時，寫下這樣的慨嘆：

人生到處知何似，應是飛鴻踏雪泥。

一〇五七年，二十二歲的蘇軾，第一次踏出故鄉四川眉山。蘇洵老爹帶著軾、轍兩兄弟進京趕考。父子三人從眉山出發，歷經荊州、襄陽、許州到開封，見證了名山大川，也經歷了路困驢頓的疲憊。走至澠池時，路長人困，父子三人只好借住寺廟一晚。兄弟倆大概在當時就展現了討人喜歡的高度親和力，寺裡老和尚不但熱情招待，還讓他倆在人家牆上題詩留念。

之後到了開封的事，我們都知道了——那一年科考，兄弟倆技壓群雄，一戰成名。頂流文豪歐陽脩甚至說了「吾當避此人出一頭地」的評語，天下皆知眉山蘇家二兄弟。（還加上一個育兒有成，但自己考不上的蘇老爹）

那年，蘇軾二十一歲，蘇轍更猛，才十九歲。

春風得意，金榜題名，兄弟還來不及衣錦還鄉向母親稟告好消息，就收到家鄉來信：母親程夫人病逝。

蘇老爹發奮的晚，二十七歲才開始發憤讀書，後期又常奔波在外，蘇家根本是靠程夫人撐起的。程夫人不單是一家支柱，還是兄弟倆的啟蒙師。兄弟倆同登金榜的好事，本該是歡天喜地的和母親共享榮耀，卻不料，竟連母親最後一面都沒見到。

父子三人回鄉奔喪，接下來就是守喪三年。三年沉潛，之後再次入京，兄弟倆挑戰更難考的制科考試。學霸兄弟倆成為全國矚目的焦點，受矚目到多誇張的地步？據宋人筆記說，宰相韓琦戲言「這次考試就是看這兩兄弟啊，雜魚們怎麼好意思同台？」（二蘇在此，而諸人亦敢與之較試，何也？）這本是他跟門人私語，結果話傳出去，其他考生摸摸鼻子，紛紛棄考。

更誇張的是，弟弟蘇轍在考前大病一場，皇帝下令：考試延期二十日，等蘇轍病好再考——歷朝學霸，能比蘇家兄弟橫行考場的有幾人？

考上之後，兄弟有了各自派任。在京師的熱鬧過後，兄弟倆同行到澠池，又經過了當年的寺廟。可才過幾年，那位熱情老僧早已圓寂，曾題字的牆壁也已毀壞。

蘇軾不禁感傷的跟弟弟說，還記得那一年途經至此，那段路有多疲憊嗎？

老僧已死成新塔，壞壁無由見舊題。
往日崎嶇還記否？路長人困蹇驢嘶。

這幾年的時間，從眉山到開封，又從開封瞬間回到原點。簡直像在玩一場大富翁遊戲，才沒走幾步，就老是被罰回起點。

年輕詩人敏銳地察覺到，生命的行腳並非有計劃的棋路，更似全靠骰子亂擲的紙盤大富翁。從兄弟倆踏入官場的起點開始，這場真實人生的大富翁遊戲就開始了。

他不知道下次跟子由相見是何時？他更不知道自己下一個落腳處能待多久。

人生到處知何似？應是飛鴻踏雪泥。

才二十多歲的青年，寫下這麼透澈的詩句。但他不知道的是，這首詩幾乎是他一生寫照，寫盡了他長路漫漫，一路漂泊到海南天涯的命運。

這次和子由的分別沒有太短暫，因為沒兩年，他們又將因為下一場死別而相聚：父親蘇洵，還有軾妻王弗過世。

兄弟扶柩歸鄉，像是抽到了機會命運卡，兄弟倆又再次被擲回眉山起點，暫停三回合。

守喪期滿，將能出蜀前，我想像：兄弟二人在父母墳前跪別，相邀著，等退休時，要回來故鄉，常伴家人舊墳。

誰知鴻鳥飛離後豈有還巢之理？當年一首詩，竟成了預言。一語成讖啊！此次出蜀之後，蘇軾再也沒有回過老家。

他走了很遠很遠，他進過廟堂宮闕，也去過監獄死牢；他可為天下學子所敬仰，卻也可是荒山畸零地的一老農。

「問汝平生功業，黃州惠州儋州」，命運讓他顛沛流離，一路流放到海南島。每一處他都待不長久，有如飛鴻踏雪泥，腳爪輕點後又立即飛起。

漂泊是他的人生，但當年不滿三十的青年，卻又靈光透澈地預言了另一句：即使聚散短暫，我們總也會留下一些痕跡，證明我們來過。

泥上偶然留指爪，鴻飛哪復計東西。

蘇軾走得很遠，也走得很急。每個地方他大概只待個三五年，卻皆在每一處留下他生命璀璨的印記：

他認真辦學，為當地推行水利改革，安葬災民遺體；

他寫下傳唱千古的名篇，他甚至留下好吃又好玩的各項軼事與佳餚。
每一個他走過的地方，都因曾獲得他的蒞臨而在歷史上多了一筆關注。

人生到處知何似，應似飛鴻踏雪泥。
泥上偶然留指爪，鴻飛那復計東西。
老僧已死成新塔，壞壁無由見舊題。
往日崎嶇還記否，路長人困蹇驢嘶。

——蘇軾〈和子由澠池懷舊〉

這是東坡的詩，寫在他剛開始玩人生大富翁的起點。
然後在他結束這回合時，我們才發現，他是如此透澈的寫出：
人生每一場擲骰後的身不由己，
還有，每經一處，熱切地生活過，總還能為自己留下些雪泥鴻爪。

這一本書，就是為了那些，熱熱烈烈活走過，用紙墨留下些許記憶爪痕的人們。

為了那些曾有過的風骨，他們掙扎猶豫的抉擇，他們寫下的生命。

我們讀，我們喟嘆，我們思考。

桃花源導航中——

他們的〈桃花源記〉

「你們覺得，臺灣是寶島？還是鬼島？」

此問一出，不出意料的，班上幾個活潑的孩子立刻搶著叫著鬼島鬼島——

好吧，那如果可以選擇，你的理想國度是什麼樣子的？

「不要有學測升學壓力！」

「不要有學習歷程！」學生的第一反應總是攸關課業壓力。

「不要有貧富差距！」

「物價不要漲！」進入到民生問題。

男孩們私下咬耳朵，突然爆發一陣低笑。我挑眉示意，一個男孩指著兄弟說：「老師，他說希望全世界只有他一個男的。」

「好噢，祝福他穿越到亞馬遜女戰士的國家。」我微笑說道，男孩們又是一陣爆笑。

講到此，今天的主題已呼之欲出——很久很久以前，有一個中年大叔，也曾寫一篇像小說又不是小說，像神話又不是神話的——關於一個理想世界的故事。

晉太元間，有個漁人無意間發現一片落英繽紛的桃林，他好奇的沿溪探尋，來到一個洞口。

穿越洞口，他驚呆了：那是一個與世無爭的世界，一座平靜祥和的村落。

村人熱情的接待了他，訴說了他們為避秦朝暴政，遷徙到了這個山谷，已經與世隔絕了幾百年。漁人住了幾天告辭，回程路上處處做記號，回鄉稟告了太守，帶了大隊人馬想再探尋村落，卻再也找不到了。

「老師，這故事我很小就聽過了，很多類似的故事。」一個學生說。

是啊，無論是烏托邦式、反烏托邦式的故事，這些創作不勝枚舉。但每一個「架空世界」的創作，或多或少都反映了作者的批判與期待。

那麼，老陶筆下的桃花源，到底暗含了作者怎麼樣的期待？

桃花源是什麼樣的世界？

老陶筆下的桃花源，到底是個什麼樣的世界？是天堂？還是仙境？

讓我們先來看一段《啟示錄》中，對天堂的描述：

「有高大的牆，有十二個門，門上有十二位天使。牆是碧玉造的；城是精金的。城內的街道是精金，好像明淨的玻璃。」

而這是《佛說阿彌陀經》裡，對西方極樂世界的描述：

「極樂國土，皆是四寶周匝圍繞。有七寶池，八功德水，充滿其中。池底純以金沙布地。四邊街道，金銀琉璃玻璃合成。」

相較於兩大宗教描述的不可思議之境，老陶筆下的桃花源，簡直樸實的有些無趣：

土地平曠，屋舍儼然。有良田美池桑竹之屬。阡陌交通，雞犬相聞。其中往來種作，男女衣著，悉如外人。黃髮垂髫，並怡然自樂。

——〈桃花源記〉

屋舍儼然有序，田間一片青綠，風吹來稻浪翻騰。寧靜的田間小路，偶聞雞犬鳴吠。老人與小孩，悠哉的坐在樹下講古。

這是很難得的畫面嗎？其實假日去大安森林公園走走，看到人們扶老攜幼、放風箏、遛狗，在公園奔跑、打太極，「黃髮垂髫，並怡然自樂」，不過就是這樣的畫面？

但對陶淵明身處的劉宋時代，這很困難。讓我們動手翻翻〈桃花源記〉寫的背景：「晉太元中，武陵人，捕魚為業。」陶淵明並未明確交代太元哪一年，但東晉孝武帝使用太元這個年號（三七六—三九六年）年間，光是太元八年便發生知名的淝水之戰，至於其他有記載的大小戰役在這二十一年間，就有十一場。

至於武陵，東漢末至三國年間，皆隸屬於荊州這個兵家必爭之地。東漢時期武陵有三萬四千多戶，經過多年兵禍，晉時一度只剩一萬四千多戶。

在這樣的背景下，我們約略可以推測，在那座桃林之外，百年來恐怕多是「白骨露於野，千里無雞鳴」的荒煙廢墟。無怪乎漁人看到這片生意盎然，安靜恬然的桃花林，會如此驚訝；進入那個隱藏在山谷裡的平靜村莊，更以為自己到了仙境。

根本不是什麼仙境——桃花源，就只是一個四時有序，居民可以依時耕種。房舍不會因兵亂天災毀壞，人民能夠養生送死無憾，一個「好生好死」的「人境」。

老陶特別描寫了「黃髮垂髫，怡然自樂」。在《禮記・禮運大同篇》描述的大同世界，亦是「老有所終，壯有所用，幼有所長」；孟子也提到王道之治的景象：「五畝之宅，樹之以桑，五十者可以衣帛矣；雞豚狗彘之畜，無失其時，七十者可以食肉矣；百畝之田，勿奪其時，數口之家，可以無飢矣。」

戰爭動亂之際，青壯年人口尚且難以自持，老人與孩子更難生存。只有太平之時，社會弱勢族群，才能「衣帛食肉」、「怡然自得」，獲得良好的照顧。

僅僅如此，這便是陶淵明夢想的烏托邦。桃花源從來不是仙境，他僅是一個相對太平的人間村落。

桃花源在哪裡？

意識到這點，每隔幾年就要講授這一課，總讓我有些感傷。

二〇一四年，我帶著課本從辦公室走去高一教室，路上經過國中部，看著小國一還天真爛漫的在走廊追逐，玩著鬼抓人遊戲。

可就在前一晚，我滑手機關注著香港雨傘革命，一張照片捕捉了十四歲的少年佇立街頭，拿著礦泉水瓶，為遭受催淚彈攻擊的民眾沖洗眼睛。

二〇二〇年，我又要上這一課，那時正值全球 COVID-19 大爆發，各國隔離宛若鬼城，新聞裡印度恆河岸上滿滿的感染者遺體，紐約街頭的臨時冰櫃也是爆滿。

而台灣，因為即早限制入境，做好防疫政策，在全球染病死亡率最嚴重的時候，台灣仍可維持相對平靜的生活。雖出入都要戴著口罩，但一到假日，各大風景區，依舊是攜老扶幼，闔家出遊。

是的，桃花源是人境。它不是夢幻不可思議之國，它是一個人間本就能達成的，可解鎖任務。

桃花源，是相對，而非絕對。

除了老陶，還有很多人發表了對理想世界的嚮往：

有位牧師，夢想著他的四個孩子能在一個「不是以他們的膚色，而是以他們的品格優劣來評價他們」的國度裡生活。

他名叫馬丁・路德・金恩（Martin Luther King）。

有個女孩，渴望像男孩一樣去上學，但等在她上學途中的，卻是一顆對準她腦袋的子彈。大難不死後的她，在聯合國會議發表宣言：

「一個孩子，一個老師，一本書，一支筆可以改變世界。」

她名叫馬拉拉・尤賽夫亞（Malala Yousafzai）。

二〇一五年，有一位母親，抱著剛經歷一場大手術的嬰兒，從醫院走回家。

一路上，嚴重的空污使路上瀰漫著煙燒火燎的味道，太陽掛在陰霾的天上，模糊的像是月光。

她開始擔心了：這樣的空氣，懷中的小小生命會不會無法承受？

作為一個母親，哪怕是一個污濁的空氣分子，都不願意讓自己的寶貝沾染。可是，滿城滿天的空污，她逃無可逃。她只能把窗戶用膠帶黏起，做一些防堵工程；只能每天一早先看氣象，確認當天的空污指標。

這位母親疑惑了，漫天霾害，這個害她無處可逃的敵人，到底是什麼來頭？

為母者強，她投入了這場探查敵人的戰爭。然後，她站在公眾面前，勇敢發表了這場調查：《柴靜霧霾調查：穹頂之下》。

在這場演講之中，這位母親，柴靜，勇敢揭露了霧霾空污的真面目，對世界提出了諍言。

在這場演講中，柴靜說了一個夢想：

「春天來的時候門開著，風進來、花香進來。有雨、有霧的時候，忍不住想要往肺裡面深深地呼吸一口氣，那種帶著碎雨的、那種凜冽的、清新的感覺。

秋天的時候你會想跟你喜歡的人一起，就一個下午什麼都不幹，懶洋洋的曬一會兒太陽。

到了冬天你跟孩子一塊出門，雪花飄下來，他伸著舌頭去接的時候，你會教給他什麼是自然和生命的美妙。」

柴靜說，這才是一個人——不，一個活物，該生活的世界。

柴靜的桃花源，是遙不可及的夢想嗎？

讓我們看看窗外吧！窗外的藍天碧藍如洗，包准讓你待會外出熱出一身大汗。

你坐在教室裡一臉不耐，今天又是漫長無聊的一天上學上班日。

可是對金恩博士和馬拉拉來說，無論性別、膚色，孩子們都能坐在同一處學習知識、工作，這是他們多麼盼望的理想世界。

老陶的桃花源，真的是不可觸及的夢幻天堂嗎？

他想要的，只是一個老人含飴弄孫，孩子平安長大，戰火硝煙終於止息，史學家不再寫下「大凶」評語，這麼一個理所應當的世界罷了！

回過來看看我們現有的世界，也許不是百分百的完美；但在別人看來，也許已經是個遙不可及的美夢。

桃花源不是仙境，而是人境；是相對，不是絕對。

原來，我們可能早就身處於桃花源中，卻總在遙望著傳說中的桃花源。

進入桃花源的方法？

讀〈桃花源記〉，還有一個問題，是我一直苦思而不得的。

文章中提到，漁人「無心」發現了桃花源的入口，但當漁人稟告太守，帶人浩浩蕩蕩的「有心」探訪，卻再也找不到。另有一位有著高尚品德的劉子驥先生，聞之欣羨，「欣然規往」，卻也沒找到桃花源。

各種賞析都指出，進入桃花源的關鍵在於「無心」，不能刻意尋覓，否則即使是高潔之士，依舊不得其門而入。

那麼，為什麼進入桃花源，一定是要「無心」、「無求」的偶遇呢？

我想了很久，一直不得答案，但這一課倒也重複講了幾年。工作的這幾年間，多少次在疲累厭倦時，夢想高唱「歸去來兮」，一有連續假日，就趕忙規劃小旅行，巴不得離市區越遠越好。

直到我看到一位離職的朋友，毅然決然搬到東部，嘗試一圓開民宿的夢想。在東部，他學木工、學雕刻，跟原住民嚮導上山露營，浮潛衝浪，好不自在。這可真是搬去桃花源了啊！看著他的網路動態，我不禁感嘆。可再仔細一想，我是否有這勇氣，辭職不幹，像他一樣到東部發展？

我做不到。

我的喜悅與成就，其實一直建築在這一方講台上。愛逛街、愛看展的興趣，留在市區仍是最適合我的生活。上山下海偶爾體驗尚可，要我每日如此，恐怕就非樂事了。

想通了，不禁莞爾。朋友有他的桃花源，我亦有我的；青菜蘿蔔，各有所好。而每一種選擇，必定也是有得有失。

我們有心艷羨，用盡各種方式，試圖擠入嚮往的「桃花源」，移民、搬遷、階級流動，各種手段，只為求取一個更好的生活環境。

殊不知，美感來自距離。搶破腦袋擠入的美好世界，進去後才知問題亦是不絕。社會福利優渥伴隨著高稅收、自律有序相對的也是高壓拘束，看似種族多元亦難免有衝突歧視……。

任何地方，終有其意難平。哪怕是富麗堂皇的龍宮，浦島太郎不也還是因為思鄉，選擇離開嗎？

宮崎駿動畫《天空之城》，眾人一直在尋找天空之城「拉普達」，這個傳說中有著金銀財寶，以高科技飄浮在天空的國度。但女主角希達，最終卻領悟了拉普達滅亡的原因：

「根要紮在土壤裡，和風一起生存，和竹子一起過冬，和鳥兒一起歌頌春天，不管你擁有了多麼驚人的武器，也不管你操縱了多少可憐的機器人，只要離開土地，就沒辦法生存。」

人，終歸是要立足於土地，扎根於土壤，從煙火氣息中，品嘗柴米油鹽的滋味。

有心強求，反而可能失望；無心隨緣，反而挖掘平淡生活中的小小幸福。

你說，陶淵明找到他的桃花源了嗎？

我想，即使辭官歸鄉，他也需花一段時間，才能確定自己的選擇正確。順從本心，失去的是經濟保障；貧困終日，妻兒是否諒解？

但我讀著他的詩句，我想，他還是努力找到了最接近的答案：

結廬在人境，而無車馬喧。問君何能爾，心遠地自偏。

——陶淵明〈飲酒詩〉

即使住在最吵雜的馬路邊、市場上方，居住環境不佳，我的心依舊可以如如不動。

桃花源的入口，終歸在自己的心。

不刻意，方能自在隨緣；

自在了，桃花源將為你開啟。

我真的好想回家

陶淵明〈歸去來辭〉與戲劇《俗女養成記》

「我是陳嘉玲，一個住在臺北但永遠不是臺北人的，臺南女兒，今年三十九歲。」

這是臺劇《俗女養成記》的開場，三十九歲的陳嘉玲，一句話就說出無數北上工作的遊子心情。在臺北生活多年，和男友合租著一間老公寓，做著一份沒多開心的工作。

三十九歲了，這個社會要求應該成家立業，有房有車。參加完前男友的婚禮，陳嘉玲彷彿被鞭打催促著，但籌辦婚事有更多惱人摩擦，而工作那一頭也是雞毛蒜皮爛帳一堆——老闆偷腥，老闆娘查勤，她一個特助夾在中間，最後還被闆娘誤認成小三，挨了一巴掌——

「老娘不幹了！」爆氣辭職的那一刻，導演刻意用慢動作處理，陳嘉玲抬頭挺胸，趾高氣昂的走出會議室，像個凱旋而歸的大將軍。

那一刻，社畜你我大概都會大笑三聲，帥氣甩出辭職信，意氣風發地走出公司，誰沒想過這樣率性的離職呢？

這讓我想起，文學史上那個辭職辭到歷史留名，辭職信還流傳千古的男人——陶淵明。

陶淵明這名字，我們不會很陌生。初次遇到陶淵明，我們的年紀都很小。小時候背誦他的「**採菊東籬下，悠然見南山**」，國一課本聽他說自己「**宅邊有五柳樹，因以為號焉**」。高中時又讀陶淵明〈桃花源記〉，作者欄又是那幾句評語「任真自得」、「隱逸詩人之宗」。

雖然這麼早就認識老陶了，但十六歲時的我並不喜歡他，年輕氣盛的在週記上寫滿對他的不滿：

「說什麼厭惡社會黑暗風氣，如果當官，至少他還能為人民做些什麼；說什麼任真自得，不慕榮利，我覺得那都只是他逃避的理由而已。」

洋洋灑灑的一篇，理直氣壯的交給了老師。我的導師兼國文老師，對這樣大肆議論也只是微微一笑，回了一句評語：以後再看吧，時候未到。

我不懂得，只能把他丟到一旁。就這樣，一年一年的，我也進入了職場，成為一個社畜，每日兩點一線的通勤，如倉鼠般轉個不停的瞎忙，剛入社會時的鋒芒與銳氣逐漸被磋磨成一種微笑：一種如陳嘉玲在廁所接到客戶來電，一邊拳打腳踢的發洩著怒氣，一邊從聲音到臉部肌肉都甜美親切的職業微笑。

然後，在課堂上我又翻開了陶淵明。

「你們知道，**承認自己前半生都錯了**，這其實很難嗎？」

學生有些迷惘的看著我。

我想了想，又解釋了幾句：

「譬如說，**承認自己就是沒辦法成為父母長輩期望的樣子，甚至是自己期待的樣子**。」

是的，期待。

從懂事開始，我們就為滿足期待而活著。滿足父母期待，滿足朋友、情人的期待，滿足上司長官的要求，滿足社會對成功者的期待。

無法回應的期待

老陶四十歲以前的人生，恐怕也是為了回應各種期待而掙扎。

他的曾祖父陶侃，是東晉名臣，功績顯赫，但在重視門第的魏晉時期，陶家想要在朝中爭得一席之地實屬不易。陶家本屬溪族——沿海一代的一個少數民族。《晉書．陶侃傳》說「望非世族，俗異諸華」，即使陶侃已經權傾一國，「劍履上殿，入朝不趨」，但看在世家大族中，他依然不入流，私下被罵為「溪狗」。

陶侃憑著個人能力爭得一席之地，但子孫不見得有他老人家的硬實力。史傳對陶淵明的父親並無太多紀錄，從陶的詩文推測，恐怕陶父早逝，且生前仕途並不順利。

這樣的仕宦人家，出仕為官不只是子孫權利，更是義務——只有出仕，才能繼續維持家族榮光。他們從小受的教育也是為了出仕而準備——我們可以說，少年陶淵明，他所背負的，就是來自親人、師長、甚至他自己對「出仕」的期待。

「憶我少壯時，無樂自欣豫。猛志逸四海，騫翮思遠翥。」

——節錄自陶淵明〈雜詩〉

回憶年少，那時眼底有光，心裡有火，擁有翱翔四海的壯志，總覺得張開翅膀便能遊遍世界。

「嗟余寡陋，瞻望弗及。顧漸華鬢，負影隻立。」

——節錄自陶淵明〈命子詩〉

可中年後，才發現自己是如此寡陋不足。於上他深感追不上先人的成就，於下他亦得不到妻子[1]親族[2]的諒解。

---

1 陶淵明曾自述「室無萊婦」（出自〈與子儼等疏〉），萊婦是指老萊子的妻子，老萊子隱居不願為官，其妻理解支持。

2 出自陶淵明〈祭從弟敬遠文〉，提到：「余嘗學仕，纏綿人事，流浪無成。懼負素志，斂策歸來。爾知我意，常願攜手，置彼眾議。」提到在辭官後堂弟不顧世俗議論，仍與他交遊往來。

寡陋無成的自己，轉眼間兩鬢也有了白髮，孤獨煢立於世間，只有影子相伴。

我看著年少的自己，他也看著現在的我。

兩兩相望，惟餘失望。

瀟灑辭職又拒婚的陳嘉玲，結果是窩在出租公寓裡大哭：

「三十九歲沒房沒車沒老公沒小孩，一轉眼就要四十了，我的人生好像一事無成、動彈不得。」

嘿，你長大了，變成你喜歡的樣子了嗎？

可是，什麼叫「喜歡的樣子」呢？

捨棄個人興趣，選擇熱門科系的孩子；在生計和現實的磋磨下，越來越不懂浪漫與想像的你我——苦讀考上大學後，又是工作、結婚、生子，每到一個階段，期待就化為懸在驢子面前的紅蘿蔔，鼓舞著早已疲憊不堪的我們持續向前；責任跟義務成了停不下來的石磨，我們賣力拖磨一圈圈的繞行，總想著，上大學就輕鬆了、存到第一桶金就好了、孩子大了就輕鬆了……

孜孜矻矻的我們並非不努力，只是慢慢的在各種期待跟繞行中，變成一個疲憊，連自己都快不認識的自己。

老陶有沒有嘗試過？從小接受儒家教育的他，是有過強烈入仕思想的。這不單是社會、家族給他的期許，也是他自我期待。

年少時滿腔熱忱，總想著憑著努力，就能改變社會；被社會打磨到最後，往往發現，說什麼改變社會啊？能不被社會改變，就已經很不容易了。

在丟出辭呈之前

陶淵明的辭官，並不是一次到位的。在他大聲說出「不為五斗米折腰」之前，已先後做過州祭酒、鎮軍參軍、建威參軍。頭幾次新官上任，他的詩文尚可看到壯志，做久了他又會開始渴望田園生活，辭職，但辭沒多久，就又被生活逼回來。

你說這是抗壓性差嗎？這樣的掙扎他持續到四十歲，還在「出仕」之義務，以及「隱居」之本心間來回掙扎。「遑遑兮欲何之？」我到底想去哪裡？我到底想要什麼樣的生活？他反覆思量，直到一件事發生：

四十歲這年，他唯一的手足，同父異母的妹妹過世了。

「尋程氏妹喪于武昌，情在駿奔，自免去職。」

——陶淵明〈歸去來辭・序〉

我猜想，手足的過世，帶給徬徨下不了決心的老陶，一記當頭棒喝。

人到中年，每日為生計、事業、家庭奔命，爭考績、爭年薪、甚至連子女成績都是場競爭。

只有在疲憊倦怠時問自己，這真是我想要的嗎？可即使心中隱約覺得不對，辛苦打下的成果不易，想到投入的各種隱形成本，又不敢輕易認賠殺出。

這時候，恐怕真要有一場衝擊——譬如說，無常。

正值壯年的妹妹，突然就這麼走了。生死無常的打擊，也許強迫老陶正視，無常與死亡早就在旁窺伺，我已四十歲了，還要這樣欺瞞自己多久？

雖留身後名，一生亦枯槁。死去何所知，稱心固為好。

——節錄自陶淵明〈飲酒・十一〉

才剛體驗到無常死別，還要在一份惹人煩厭的工作上，花時間招待上司、應酬交際。這樣的荒謬衝擊，大概才是老陶說出「不為五斗米折腰」，決心離職的最後一根稻草吧？

終於接受自己「性本愛丘山」的天性，接受自己的性格從來都不適合官場，長久以來，他都是一枚強迫安置的零件，不合用，也將就運作了四十多年。

錯了，錯了，到底還是錯的。

悟已往之不諫，知來者之可追；實迷途其未遠，覺今是而昨非。

——節錄自陶淵明〈歸去來辭〉

體悟到過往一直勉強扮演符合他人期望的角色，卻忘了聆聽真正的自己，到底想要些什麼？這麼渾渾噩噩的活到中年，才終於發現自己的錯誤。

名利場中無真心，多的是勾心鬥角、爾虞我詐。欺騙久了，連自己都在騙。老陶寫道：

不怨道里長，但畏人我欺。

——〈擬古·其六〉

去去當奚道，世俗久相欺。

——〈飲酒·十二〉

這個欺，也許是厭煩世道，看穿人心虛偽，也許是對自己也陪笑「誤入塵網」四十年的自嘲。

迷途知返，猶未晚矣；過去那個勉強配合的自己，終究是錯的。不惑之年，老陶終於不再困惑，毅然決然地做出抉擇。

做自己，是要付出代價的

魏晉時期很多「做自己」的人，「竹林七賢」中最具代表性的嵇康、阮籍，前者剛烈不馴被司馬昭所殺，後者則是用縱酒閃避司馬昭的政治拉攏。

至於其他幾個，如總是在發酒瘋的劉伶，或是後期更加荒淫縱酒的自命「放達」之士，甚至是《世說新語》裡大半夜不睡覺，划船去找朋友的王子猷，他們都很「任誕自得」，做自己沒在怕的。

但仔細檢視，這些「任誕自得」的名士，為「做自己」付出代價的其實不多。

甚至，還因為他們「率真無矯」的行為，獲得流量與關注。

除了一個付出性命的嵇康，另一個，恐怕就是為了「做自己」窮困潦倒的陶淵明了。

陳嘉玲辭職回到老家，有家人包容擁抱，又收穫了青梅竹馬的愛情，最終還找到自己的工作。我總覺得這樣的劇情，皆大歡喜中還是太過樂觀。

老陶沒有陳嘉玲式的幸運，他轉職農耕，但技術不佳，又碰上連年天災，以致他甚至得乞食借糧；他也沒有無條件包容的家人，老婆不待見他，親族瞧不起他，唯一一個理解他，不顧親戚閒言閒語，還願與他出遊來往的堂弟，後來又病死了。

說真的，老陶是很寂寞的。他只能喝喝酒，寫寫詩。但他沒有後悔，躬耕二十年，即使後來又有人請他出仕，他也拒絕了。

在世人眼中，你放著高學歷跑去耕田，簡直是想不開。當時江州刺史就曾對老陶這麼說：「今子生文明之世，奈何自苦如此？」（李延壽《南史・隱逸傳》）

老陶微微一笑，繼續喝他的酒，耕他的地。

迷惘半生，終於尋得心之所向。雲無心以出岫，鳥倦飛而知還；他要的只是這樣，一耕一耰，單純無欺的生活，這樣二十二年的田園生活，犧牲的是物質生活的享受，但換得的至少是自在自適的真心。

❦

陳嘉玲又回到了臺北面試，面試官問了她這個問題：「對妳而言，快樂是什麼？妳有想過自己十年後會是什麼樣子嗎？」

陳嘉玲思考一會，坦然笑了，拉著行李箱又回到了臺南。她終於確認了答案，在老家買下那座小時候避之唯恐不及的廢棄房屋，過去總是有著莫名的害怕與惶恐，心定之後，鬼屋也不再讓人恐懼。

她一磚一瓦的改造房屋，片尾的獨白更打中無數觀眾的心：

「親愛的陳嘉玲，妳是從幾時開始忘記了？忘記這輩子其實很長，長到妳可以跌倒再站起來，作夢又醒過來；妳又是從幾時開始忘記了，這輩子其實很短，短得妳沒時間再去勉強自己，沒時間再去討厭妳自己。」

生命每個關卡的抉擇都非易事，有失有得才是常態。陶淵明臨終前的〈自祭文〉不禁嘆道「人生實難，死如之何？」

他嚮往簡單生活，但生命的抉擇卻從不簡單。

※

從少女時期初識老陶，他就像社區警衛室阿伯，每天翹著腳坐在我必經的道路上，從報紙裡抬起頭，懶懶地跟我打聲招呼。

我不懂他，我也不想懂他。就這麼一年又一年，我闖蕩了社會，遊遍五湖四海，終於想要拖著行李箱回家，老陶還是坐在警衛室門口，悠哉悠哉地說：

「回來啦？」

年近四十，我終於明白，老陶那回歸簡單生活的瀟灑背後，原來是掙扎與自我辯證，從生命悟得，亦以餘生支持。

突然間，盯著這個打小看我長大的阿伯，眼眶莫名的就紅了：

「對，我回來了。」

老兵凋零，但信念恆行

洪燾〈鹿港乘桴記〉與電影《捍衛戰士：獨行俠》

一九八六年，年輕帥氣的影星湯姆・克魯斯飾演的軍官Maverick，以一部《捍衛戰士》為美國海軍提升了8.3％的報考率，阿湯哥身穿皮夾克、戴著雷彭墨鏡的英挺形象，也讓他成了千萬少女的夢中情人。

二〇二二年，已近花甲之年的阿湯哥，重新登上戰機，帶著《捍衛戰士・獨行俠》回歸。時隔三十多年，即使阿湯哥保養得宜，但演藝圈從來不缺英俊小生，好萊塢這幾年老喜歡拍攝暢銷作品的續集，難道阿湯哥也只剩下舊飯重炒的把戲？

帶著觀望態度，我踏進戲院。看著海報上已有風霜的Maverick，我心想，阿湯哥，你可真不服老啊？

但我沒想到，《捍衛戰士2》，正是阿湯哥對「老去」的正面迎敵，繳出的戰果報告書。

⁂

三十多年前，Maverick「獨行俠」是意氣風發的少年英雄，英俊大膽，果敢狂放，又具備一流飛行技術，他成就一代傳奇。

三十多年後，Maverick多了些滄桑，但帥氣依舊；他的技術依舊卓越，對飛行的熱情絲毫不減；他依舊是一代傳奇——但時代卻要拋棄他。

無人機的科技將取代飛官操控，比起會害怕、失誤，會因G力昏迷，或頑劣抗命的飛行員，無人機更冷靜、更準確，更能有效執行任務，並降低人員損傷。

「未來已經來了，但你不在其中。」

（The future is coming. And you're not in it.）

長官冷酷的宣判著 Maverick 飛行生涯的末路，當年同期的戰友，或陣亡、或老病，就算保養得當，銳氣不減如 Maverick，飛了一輩子，也終將被科技取代。

英雄不死，只是逐漸凋零。

暑假期間，羊咩的學校全面汰換傳統黑板，改成電子白板。

暑輔前夕返校備課，我訝然的站在電子白板前，躊躇不知如何是好。粉筆、板擦、傳統黑板，早已是我的好戰友；可如今，偌大的電子白板，是臨陣卻倉促組隊的陌生隊員。

過兩天暑輔就要開始，我笨拙的學習著電子白板，腦海裡卻浮現當年還是實習老師的自己，在每日放學後，獨自留在教室一遍遍練著板書的回憶。

難道，板書將不再是教師重要技能了嗎？

為什麼汰換前都不問一下使用者（老師們）呢？

我就是喜歡傳統黑板不行嗎？

滿腹牢騷的操作著，但我心裡也知道，這根本是嘔氣。

而這樣的嘔氣，讓我莫名想起上學期，我不大喜歡的一課課文：洪棄生的〈鹿港乘桴記〉。

洪繻（一八六七—一九二九年），原名攀桂，字月樵，臺灣割日後改名繻，號棄生，彰化鹿港人。光緒十七年第一名中秀才，甲午戰爭後，臺灣割日，洪繻投入武裝抗爭未果，此後以詩為矢，批判日本殖民政策。

他的〈鹿港乘桴記〉，便是一篇批判意味濃重的課文。寫的是他重遊鹿港，眼見鹿港今昔滄桑、蕭條落敗的心酸，實則抒發台灣割讓後，對江山易主的感傷，對殖民政府的不滿。

洪棄生在文中提到鹿港衰退的原因，將鹿港的衰退歸因於日治政府的鐵路開通、關稅重苛與鹽田修築。

> 迄於今版圖既易，海關之吏猛於虎豹，華貨之不來者有之矣。洎乎火車之路全通，外貨之來由南北而入，不復由鹿港而出矣。鹽田之築，肇自近年。日本官吏，固云欲以阜鹿民也；而其究竟，則實民間之輸巨貲以供官府之收厚利而已。
>
> ——洪繻〈鹿港乘桴記〉

但鹿港早在他少年時代便已因泥沙淤積而漸衰，這點他也心知肚明（「而是時鹿港通海之水已淺可涉矣」），就算沒有割讓日治，鹿港的衰退也是時代必然。但洪棄生對泥沙淤積一事則輕描淡寫，他只說，就算當時已經泥沙淤積了，大船只能停在沖西內津，貨物都要靠竹筏運送，但是！當年鹿港還是很熱鬧啊！每日竹筏都有千百艘呢！

誰叫你日本人要開鐵路、修鹽田！

鹿港沒落，都你日本人害的啦！

整篇〈鹿港乘桴記〉，貫穿全文的，我認為是「時不我予」四字——洪棄生，也是個被時代拋棄的人。

半輩子的為科舉功名付出的努力，在改朝換代後全無用武之地；更痛苦的是，他被認同了半輩子的國家（清廷）拋棄。

清領時期的台灣，那是他心中的黃金時期：那是商業繁榮、學風興盛的鹿港，「黌序之士相望於道，而春秋試之貢於京師、注名仕籍者，歲有其人。」

但那個時代已然結束了。

洪棄生的時代已過，他所信任的國家（清廷）遺棄了他，更在不久之後清國也被推翻。

再也回不去了！在他的〈痛斷髮〉詩中，就表達了這種天地無以容身的遺民痛楚：

我生跼蹐何不辰，垂老乃為斷髮民！
披髮欲向中華去，海天水黑波粼粼。

天為穹廬海為壑，桃源路絕秦中秦。
況是中華亦久變，髮短更甚胡中人。

到老年碰到時代巨變，被迫斷髮去辮，割除一生信仰的洪棄生，披髮想要回到他心中的「中華」，但海峽阻隔難以西渡。

可，就算真的渡海了，清廷也滅亡了，新的政權建立，斷髮已是時代所趨。

天下之大，但我能去哪呢？屬於我的時代已經不存在了！

這是洪棄生最深沉的痛楚，而他將此情投射在「鹿港」之上，繁華不再，時不我與的鹿港，一如自己——這篇文章與其說是悲悼鹿港，不如說是洪棄生的自憑自悼。

可是，時不我與的，又豈止洪棄生？

以英女王伊莉莎白二世為主題的電視劇《王冠》第三季，有一集〈政變〉。這集的主角蒙巴頓公爵，是王夫菲利浦親王的舅舅，更是王室大家族中眾人尊敬的長輩。他最高曾任海軍元帥，在二戰期間建有赫赫軍功。

但屬於他的時代終將結束，老元帥必須退休了，退休生活清閒但落寞，他依舊每天讀好幾份報紙，眼見著工黨上位，新的執政黨針對王室的改革政策，老元帥非常憤怒。

就在這時，一群曾為各領域佼佼者，但現已退休的老人們，找上了蒙巴頓公爵，共謀一個推翻工黨首相的政變計畫。

對此政變，蒙巴頓公爵理性判斷難以成功，內心卻也不免隱隱有些騷動。

但曾與政變人士接觸的事被女王得知，年輕的女王不卑不亢的將老元帥訓斥了一頓。

被小女孩教訓一頓了呢，老元帥落寞的去探望他的老姊姊——愛麗絲公主。（也是菲利浦親王的母親）

白髮蒼蒼的愛麗絲公主臥榻已久，消瘦蒼老，眼神卻依舊清明：

「大約在我滿七十歲時那剎那，我發現我不再是參與者，而是旁觀者，然後就只是等待的問題了，還有別礙事——」老公主敏銳地嘲笑道：「聽說你最近就礙事了吧？」

「隨你怎麼笑吧，」老元帥眼神黯然：「但這個國家的處境，我一點都不覺得好笑。

這是我的國家，他給了我一個名字、一個國家，我也以一輩子相報。看到他淪落至此，我悲痛欲絕。」

這曾是我的國家，給了我一個信念、一個價值的國家——洪棄生的悲痛，是否和蒙巴頓公爵相似？

當我看到戲劇中蒙巴頓公爵落寞黯然的神情，我想起了被迫剪辮後哀慟欲絕的洪棄生，也想起了家中長輩對政局更迭，每每在電視前怨憤的批判嘆息。

「你們年輕人就是……」、「年輕人亂搞！」

這樣的指責我常聽到，年輕人彷彿總是不知感恩，橫衝直撞，胡搞亂為。在老一輩眼中，年輕一代沒有吃過戰亂的苦、沒有受過貧窮的罪。

但，每個世代都有其必須面對的困境，每個世代都有他的地獄。

身為七年級生，我努力打拚卻卡在全球經濟衰退、物價上漲，連房子都買不起的困窘時代。

做為新舊課綱交接的教師，我心中痛惜著過去我所珍愛的古文佳篇已被撤去，但某個程度來說，我也認同新課綱強調自學的理念，卻又必須在各種學習歷程、新課綱研習中重新摸索。

而坐在台下的年輕學生呢？

我們斥責他們終日低頭手機滑個不停，但資訊爆炸、社群媒體的新型社交認同成了這個世代的新課題。

當我們叨念著「想當年……」、「年輕人都在亂搞」的時候，到底是一代不如一代，還是我們只認同自己回憶中黃金時代？

想起洪棄生，

想起上學期講解這課時我的不耐，

我赫然明白，當我抱怨著新的科技設備，其實只是用抱怨掩飾我的不安——那是疫情下三年來的惶惶然。

線上教學、網路教室早已對傳統教學造成爆炸性的翻轉；當已經體會到線上自學快樂的學生，認真跟我說：「老師，我不懂我每日為什麼要被學校綁定這麼多時間？我自學反而學更多。」

我猛然的體悟到，傳統校園已非不可取代。

時代像車輪、像執鞭者，無情的輾壓，一記記鞭笞而下。

疫情之後，緊接著是ＡＩ技術，科技浪潮一波接一波，只要鬆懈停下腳步，根本不用等到屆齡退休，時代就會淘汰跟不上腳步的人。

曾經我對老人們叨念著回不去的過往榮光感到不耐，但當自己也對改變心生抗拒，滿肚牢騷時，我是否也跟洪棄生拒學日語、拒絕裝電線、反對鐵路等西學等行為，其實是半斤八兩呢？

❀

少將指派給 Maverick 的最後一個任務，就是回學校擔任教官，將技術傳承給年輕人。

Maverick 憑藉著一流技術與經驗，證明了寶刀未老，老薑猶辣。

但光靠飛行技術無法讓他順利整合團隊，過去痛失搭檔的夢魘，讓他對隊友安危更加戒慎，同時他也恐懼，越發如母雞護崽般想讓年輕孩子們不受任何傷害。

當 Maverick 越覺得「他們還沒準備好」，反而讓年輕學員越發缺乏自信。

直到最後，他聽了 Ice man 那句勸慰：It's time to let go.

該放下了，從過往汲取經驗傳承，放手對年輕一代多些信任。

調整心態、重拾彈性的他，以高超專業技術、身先士卒獲得年輕人的敬意，也放手給予年輕一代更多發揮舞台。

最終，他跟年輕團隊齊心合作，圓滿完成任務，英雄再次回歸。

Maverick 再次證明了他的價值，海軍需要他，天空需要他。

但，我們心裡明白，也許未來，無人機的時代終將全面取代飛行員。

但正如片中，長官和 Maverick 的對話：

長官說，「結局是不可避免的，獨行俠。像你們這種人勢必淘汰。」

The end is inevitable, Maverick. Your kind is headed for extinction.

而 Maverick 只報以自信帥氣的一笑：「也許是吧，長官。但絕不在今天。」

Maybe so, sir. But not today.

英雄會凋零，

但英雄意志，將會傳承。

放手是為了求生

杜光庭〈虬髯客傳〉與金庸《天龍八部》的難解棋局

金庸《天龍八部》中有這麼一段劇情：

逍遙派掌門人無崖子擺下珍瓏棋局，想藉棋局篩選一個天資聰穎的徒弟。為了習得無崖子的絕世武功，各路英雄皆來挑戰，反倒為棋局所惑，「四大惡人」的段延慶，更差點走火入魔。

小和尚虛竹對武學興趣不大，但心存慈悲，為了解救段延慶，棋力不高的他硬著頭皮挑戰，閉著眼睛隨手下了一枚白子。

隨手放的一子，使得白棋損失一大塊江山，無疑是自尋死路。但不料，失去一塊僵持已久的陣地，白子反倒有了活路。

棋局中取出一大塊白棋後再下，天地一寬，既不必顧念這大塊白棋的死活，更不再有自己白棋處處掣肘，反而騰挪自如，不如以前這般進退維谷了。

——金庸《天龍八部》

我不懂圍棋，當時看小說讀到這段，只覺得新奇。自殺反而是自救？放棄反而是獲得？

隱隱約約的，總覺得金老爺子在這段劇情裡，藏了些什麼道理，但我說不上來。

隔了好幾年，遇到了一些事，好像懂了虛竹這一手棋。

第一個故事

一位母親跟我說，孩子考上了第一志願，高中念了一年，卻因憂鬱症拒學。要休學嗎？可是沒有學歷未來該怎麼辦？好不容易考上了第一志願，休學是不是太可惜？要不要再堅持一下？

這位母親連日糾葛，既擔憂孩子病情，又顧慮孩子未來。每日的上學像是一場戰爭，母親勸說著「再試試看」，孩子哭泣不已；直到那一天上學途中，行進間孩子突然拉開車門，打算跳車拒學。

那一刻，那位母親緊急停車，驚魂未定的她下定決心，到校辦理休學手續。走出教務處，她感到如釋重負。

就先休息吧！先陪著孩子度過這關再說。以後的事以後再說，還有比健康更重要的事嗎？

那一刻，天空好藍好乾淨。那位母親如此說道。

第二個故事

一個愛好文學、極具創作天賦的孩子，被逼著念了非自己所願的理組，跟不擅長的理科搏鬥三年，又被家裡逼著選填了熱門科系。

死撐活撐的苦讀，到大一下學期，還是被退學了。看到他的成績單，家長終於鬆口：「大概真不是這塊料，算了，隨你吧！」

「被退學後，我終於可以自己選擇了。」孩子說起時，露出有點無奈卻又輕鬆的笑意。

重考後的他，選擇了一個他和家長都能接受的科系。

「現在去上課，都是充滿期待。」他笑得很開心：「好久沒有這樣的心情了。」

最後一個，是我自己的故事

那年傍晚，我走出戶政事務所，完成了離婚手續。

出乎意料的，我沒哭喪著臉，反而很輕鬆。我甚至清楚的記得，我還有心情繞去公館商圈，給自己買了雙新鞋。

簽字簽的太乾脆，好多親友為我不平。怎麼不談條件？怎麼不再努力一下？怎麼這麼輕易就放棄了？

算了啦，長痛不如短痛。我回答得很簡單。

只有我自己知道，婚姻觸礁後，雙方都已遍體鱗傷。哭泣冷戰、患得患失、自憐自艾、指責怨懟，早已消耗掉過往恩情。只剩下消磨拉鋸，拖著彼此拉入深淵。

簽字放棄、放彼此自由，踏出戶政的那一個傍晚，我只覺得天空是如此的乾淨。

放下那片僵持不下的殘破江山，然後白子才能重新尋找活路。

虛竹的那一手棋，我好像隱隱懂了些什麼。

※

老子說：「少則得，多則惑。」

放手很叫人不甘心，放棄了前期砸入的心血，放棄已經投入的時間和精神、情感。投入的沉默成本收不回來，叫人難以釋懷。

但是再僵持下去，只會賠更多。

賠掉未來的時間，賠掉自信與快樂，只為了那個不甘心，和這僵局打消耗戰，難道就會回本？

認賠殺出，反而是止血自救。

看似「少」、「賠」，反而有了重新開始的「得」。

老子又說：「甚愛必大費，多藏必厚亡。」

過分地喜愛某種東西必定要付出更多的代價，過分地積攢必定會招致更慘痛的損失。

同樣的，過分的執著和「不甘」，也可能讓自己的損失繼續擴大。

唐傳奇〈虯髯客傳〉，也是這麼一個「認賠殺出」的故事。

認賠殺出的虯髯客

〈虯髯客傳〉描述了一位奇男子，他姓張，中等身材，滿臉虯髯，騎著一隻驢。

虯髯客瀟灑不羈，行動果決，有趣的是，這篇被視為「俠義小說」始祖的〈虯髯客傳〉，卻從未描寫虯髯客的武藝謀略，更沒有太多的江湖幫派、兒女情長。

這個故事重點描寫的，是虯髯客的兩次「放手」。

第一次放手，是感情上的放手。

那一天在靈石客棧，當紅拂女身姿優雅地梳理如瀑長髮時，極美的姿態，當下他就走不了了，只定定地看著她。

可那女子如此機敏，看穿了他的情感，只巧妙幾句話就喚他大哥，將夫婿李靖介紹給他，瞬間讓三人訂下兄妹關係，漂亮的畫下界線。

> 行次靈石旅舍，既設床，爐中烹肉且熟；張氏以髮長委地，立梳床前。靖方刷馬，忽有一人，中形，赤髯而虬，乘蹇驢而來，投革囊於爐前，取枕敧臥，看張梳頭。靖怒甚，未決，猶刷馬。張氏熟視其面，一手握髮，一手映身搖示靖，令勿怒。急急梳頭畢，斂衽前問其姓。臥客答曰：「姓張。」對曰：「妾亦姓張，合是妹。」

遽拜之。問：「第幾？」曰：「第三。」問：「妹第幾？」曰：「最長。」遂喜曰：「今日幸逢一妹。」張氏遙呼：「李郎，且來見三兄！」

——杜光庭〈虬髯客傳〉

美艷又極具智慧，可惜名花有主，虬髯客不甘心是有的，但細細觀察，佳人選定的夫婿倒也不凡（觀李郎儀形器宇，真丈夫也。）他果斷不再多做糾纏，乾脆的認了「大哥」這個身分，成全佳人的圓滿姻緣，自己倒也得了一對知音友伴。

這是第一次的放手。

第二次的放手更難，是多年苦心經營的目標。

隋朝末年群雄並起，虬髯客也有心逐鹿，謀畫多年，本來信心滿滿，卻碰上了

「真龍天子」李世民。

俄而，文皇（世民）來，精采驚人，長揖就坐，神清氣朗，滿坐風生，顧盼煒如也。

——杜光庭〈虯髯客傳〉

世民一出，誰與爭鋒？善面相的道士一見到「精采驚人」的李世民，立刻對虯髯客嘆氣：「沒戲唱了啦，打掉重練啦！」（此世界非公世界也，他方可圖。）

等等，才看一眼就認輸了？

這麼奇妙的設定，是因為這本是篇政治宣傳意味濃厚的作品。中唐時各地藩鎮擁兵自重，無視中央，作者為了宣導中央政權李家才是天命所歸，所以寫出這麼篇「巍峨大唐，僅此李家」的大外宣作品。

因此，這篇小說所有的布局，都是為了襯托大唐 icon 李世民。李世民一出，所有善面相的能人異士都說他「真人」、「天命所歸」。簡直就像少年漫畫裡開外掛的男主角，靠著血統（或老爸）就能唯我獨尊。

在這「作者要你輸，你不得不認」的壓力下，虬髯客只能乖乖認輸。

但先撇開莫名其妙的設定，虬髯客的選擇，更具有討論的空間：

> 某（我）本欲於此世界求事，或當龍戰三二十載，建少功業。今既有主，住亦何為？太原李氏，真英主也。三五年內，即當太平。
>
> ——杜光庭〈虬髯客傳〉

起義本就是為了解蒼生於水火之中，如今，確定真命天子已出，三五年內，天下自當太平。若自己再堅持下去，也只是徒然讓生靈塗炭。

雖然可惜，但虯髯客仍果斷認賠殺出。他甚至將多年積藏財富皆贈與李靖，讓李靖襄助李世民，助天下更快平定。

至於他自己，果斷放棄中原，另闢海外國土。

這又是一著放棄僵局的白子，自毀後換得全新空間。

當初起兵逐鹿的初衷是什麼？若是為了解救百姓倒懸之苦，因為不甘心，堅持和李世民拖長戰線，這是否違背了初衷？

若堅持和李世民苦戰，最終天下只能容得了一位英雄。敗者為寇，自刎烏江還需再多一人嗎？

退出，反而成全了天下太平，也成全了虯髯客的事業版圖。

我曾思考，為何〈虬髯客傳〉會被視作俠義小說的先驅？

以這麼一篇政治宣傳濃厚的設定來說，作者重筆描寫的各路英雄，都只為了鋪墊李世民的存在，但故事結束了，讓人難忘的並非真龍天子李世民，反而是那位一再退讓的虬髯客。

失敗的是他，成就「俠義」之名的，卻也是他。

俠義並不在於絕妙神奇的武學、幫派，而在那一瞬間心念抉擇。虬髯客的退讓，成全了紅拂的美滿姻緣，更成全天下太平，百姓安居樂業。

但成全看似瀟灑，只有真實經歷過的人，才知讓與不讓間，是煎熬焦灼的百般糾葛。進退兩難，舉棋不定，「放手成全」的背後，是與自身不甘、執著、愛而不得的對抗，下定決心認賠殺出，其果斷不下於壯士斷腕。

果斷亦是種清明的智慧。就如珍瓏棋局的那一手，先犧牲自己一片僵持不下的江山，另起旗鼓重新來過。

看似失去，實為解套。

少則多，多則惑。老子還說，「窪則盈」、「大成若缺，其用不弊」。

就像一個杯子，裝滿了水，就再也沒有裝其他東西的可能性了。

緊攥的拳頭，也沒辦法再握住其他東西了。

隔了這麼多年，才終於明白老子的相對論。

才終於明白：失去、放手看似不完滿，也是一種完全。

就如劉若英那首〈成全〉的歌詞：

成全了妳的瀟灑與冒險，

成全了我的碧海藍天。

第2篇

抉擇是人生的考卷

渣男，就是徐志摩的代名詞嗎？

關於愛的各種面貌

打開高中國文課本第一課，往往就是徐志摩的〈再別康橋〉。

「老師，怎麼又是這個渣男？」學生很不耐煩：「國小、國中課本都有他，到高中都躲不掉他。」

別說學生了，老師我也有點煩，而煩的原因有兩項：

其一，學生對徐不陌生，介紹起來早就沒了新鮮感。就像說書時台下有人一直爆雷（說破劇情），嘖，老師我很不尬意這種被搶先的感覺。

二，這是我自己的問題。我不欣賞徐，他文中那種極致熱情跟華麗（堆砌）的詞藻，也跟我極不投緣。

備課時，我自己都感厭煩，讀他的生平更讓我反感。我將我的焦躁在私人臉書上抱怨，抱怨了一堆，也抱怨了我對徐的厭惡。

但好友玲瑜老師留言表達了不同的看法，讓我忍不住反思：

當學生對徐志摩的評語就是「渣」這個字時，為什麼我內心還是有所遲疑的？

又或者，課堂本就很容易變成教師的一言堂，在課堂中主觀代入老師我的個人好惡，這對學生公平嗎？他們會不會只片面接受「經由教師主觀剪裁後的資訊」，跟著教師個人喜好起舞？

那麼，這對作者公平嗎？

最後，我一直告訴學生，國文課本學的是人生的多面向，以及人性的幽微與複雜——那我可以只用單純一個「渣」字，簡略地為無法辯解的前人下定語嗎？

這會不會太粗暴了點？

思考再三，第一堂課終於開始了。

站上講台，我問了同學第一個問題：

「同學，你們覺得，我們可不可以用創作者的私德，決定他作品的價值？」

人品道德？藝術成就？今晚你選哪一道？

徐志摩的的性格確實非常「詩人」，但這樣奔放恣意的性格，在藝術家身上決不是唯一。如果我們要用私德決定作品價值，那我們的音樂史、藝術史、文學史（或者包含其他領域），大概會空了一半。

換個角度看，作家風格和其個性常互為因果，也許正是這些創作者熱烈奔放、一愛起來就天崩地裂、離經叛道的任性，才創造出這麼大膽熱情、震人心魂的作品。

我們常說「不以人廢言」，那麼，對作品的賞析，是否應該抽離出讀者對作家的主觀喜惡，以更客觀的態度評論他的地位成就呢？

學生想了想，丟出個問題：

「老師，那我們用私生活評論藝人歌手，這樣會不會也太過呢？」

全班立刻嚷嚷出某幾位緋聞鬧很大的藝人，看來很熟悉娛樂八卦。

「你們覺得呢？為什麼藝人爆出桃色醜聞，社會反應會這麼大？」我問。

「因為覺得被騙了，他們之前一直塑造很深情愛家的人設！」一個女孩義憤填膺的回覆：「什麼愛家好男人嘛！都是騙人的！」

「那麼，我想，這要從另一個層面檢視——他是否有用他的人設牟利？」

如果公眾人物平時主打癡情單純的人設形象，或者家庭美滿夫妻和諧的形象，以此代言商品、獲取粉絲支持，獲得極大利益；等到不堪的真實私生活曝光，立刻用隱私權護航自己的行為，利用形象享盡了利益，卻又不用為自己的形象破滅負責任，這不是很奇怪的事嗎？

從這個角度看，徐志摩大膽宣告追求「婚姻自由」，不管是拋棄髮妻，或是後來追求同窗之妻陸小曼，皆在當時引發兩極爭議。父母斷絕一切經濟援助，連恩師梁啟超都在婚禮上發表了前無古人的「證婚詞」，將徐陸二人當眾痛斥一番。和陸小曼成婚後也並非圓滿順利，種種現實衝突，更讓徐也為此陷入創作低潮。

就這層面來說，徐志摩確實為了他所堅持的、抉擇的，付出了相對的代價。

我想這跟用人設牟利，欺騙粉絲還是不大一樣的。

再換個角度，如果徐就是個渣男，在陸小曼大肆揮霍、吸食鴉片自暴自棄時，徐志摩大可再次丟下她，揮揮衣袖不帶走一片雲彩。

但他選擇身兼多職四處奔波，努力填補小曼揮金如土的財務大坑。

這個人，到底該怎麼說呢？

我們所厭惡的，到底是什麼？

當然，就算我想盡力保持客觀，講到他對張幼儀的無情離棄，師生還是忍不住肝火上升。但在討論的過程中，我多次引用張幼儀口述自傳《小腳與西服》，讀到一段話，忍不住感到奇怪：

張幼儀說：「我可以讀書求學，想辦法變成飽學之士，可是我沒法子讓徐志摩瞭解我是誰，他根本不和我說話。我和我的兄弟可以無話不談，他們也和徐志摩一樣博學多聞，可是我和自己的丈夫在一起的時候，情況總是：你懂什麼？你能說什麼？」

——張邦梅《小腳與西服》

結婚數年，徐志摩甚至根本不知道張幼儀酒量甚佳。

這麼看來，即使結縭數年，徐對張的認識依舊不深，那他到底為何這麼厭惡張幼儀？

英國時期，徐曾帶一位身著西服，卻纏著小腳的女子到家裡作客，並故意問幼儀對該女子的想法。

當幼儀回答「小腳與西服不搭」時，徐立刻尖叫道：「我就知道，所以我才想離婚！」

從這來看，對徐志摩而言，張幼儀代表的就是他所厭惡的「傳統守舊」、「包辦婚姻」，或是當時中國種種迂腐陳舊的「封建禮制」。

也許，他恨的根本不是眼前的張幼儀，而是他眼中看到的封建禮教。

他拒絕對張多做理解——他只想逃，拼命逃開這個困住他的落後思維。又或者，他最厭惡的是同意了這場婚事，用傳宗接代換得出國機會的自己？

但危險的是，即使你並不理解這個人，依舊會用自己的投射心理，在對方頭上冠以各種不足，合理化自己的行為，甚至做出殘忍的攻擊而不自知。

離婚後重逢，徐看到張的改變，不禁大加讚嘆，認為：

「她這兩年來進步不少，獨立的步子已經站得穩，思想確有通道……她現在真是『什麼都不怕』，將來準備丟幾個炸彈，驚驚中國鼠膽的社會，你們看著吧！」

當初被他視為陳舊迂腐象徵的幼儀，如今又被他視為震懾中國鼠膽社會的新式女性。

我不禁在想，徐到最後真的理解張幼儀了嗎？

還是依舊只是他的自我投射？在他眼中，張終於是一個從傳統大步投奔「新生活」的自由靈魂？終於成為他所認同的那群「新世代的性靈」？

可張幼儀自己可不這麼認為：她說，即使後來她成為大家稱讚的新時代女性，她依然有兩副面孔：「**一副聽從舊的言論，一副聽從新的言論。**」

堅毅如山的擎天柱

張幼儀女士，是我每次講到這段故事中，最最佩服的人。

離婚後在德國獨自扶養幼子，一邊攻讀學位的堅強；返國後嶄露頭角的商管才華，正如她所說的「到德國後，我一無所懼」，她真的走出了自己的路。

除此之外，更讓我敬佩的是，即使她已非徐家婦，她依舊孝養徐父徐母，多次協助徐家家務，處理徐之後事，甚至，後期還曾接濟陸小曼。

不只孝敬長輩，也關懷晚輩：兒子徐積鍇準備出國深造，媳婦張粹文想說孩子還小，本不打算同行；幼儀怕她重蹈自己覆轍，鼓勵媳婦一起隨夫深造，繼續進修，而她則幫忙帶孫，讓晚輩無後顧之憂。

對於生命中各種身分的責任，她真的做到仁至義盡。

我常在想，是什麼支撐著她，以沉默內斂的堅毅扛下一生的大山大海？

這個問題恐怕很多人都曾想過，或者，更直接的問她——你愛徐志摩嗎？《小腳與西服》的紀錄者，張邦梅，也曾問過幼儀這個問題。

張幼儀是這麼回答的：

「你總是問我，我愛不愛徐志摩？你曉得，我沒辦法回答這個問題。我對這問題很迷惑，因為每個人總是告訴我，我為徐志摩做了這麼多事，我一定是愛他的。可是，我沒辦法說什麼叫愛，我這輩子從沒跟什麼人說過『我愛你』。如果照顧徐志摩和他家人叫作愛的話，那我大概愛他吧。在他一生當中遇到的幾個女人裡面，說不定我最愛他。」

這是愛嗎？愛志摩到為他養生送死、照顧遺眷而毫無怨懟？我總感到疑惑。又或者，我更疑惑的是，人世間的情感，就只有男女之間「愛」和「不愛」的二元對立嗎？

分享完幼儀這段話，時間已近下課，我只拋出一個問題：「幼儀做了這麼多事，這是愛情嗎？」便下課了。

但有趣的是，過幾日，家長反而傳訊跟我聊起：

「老師，我聽小孩提起國文課，我覺得張幼儀並不是只有愛情這麼簡單。我也做人媳婦二十多年了，公婆對我的照顧疼惜，我感念在心。孝敬兩老不是為了丈夫，是為我自己的恩義。」

是的，恩義。

年輕孩子總愛問我，張幼儀愛徐志摩嗎？林徽因有愛過徐嗎？徐到底愛林還是愛陸？

愛情本就是各種小說戲劇謳歌的素材，浪漫真愛是創作主題，尋得人生的靈魂知己，彷彿就是生命最重要的任務。

可是有些年歲後，我們會知道，人世間的情感，真的不是只有愛情一種答案。

張幼儀說她不懂什麼愛不愛的，我想，她懂得的，她的愛更簡單也更複雜，更深沉而寬廣。

在男歡女愛前，她更重視的是「恩義」、「道義」。在愛之後還有了「義」，更多了不離不棄的責任。

當年徐為了尋求愛情，毫不猶豫地拋棄了懷有身孕的幼儀，但幼儀終其一生，未拋棄過任何人。

新時代總歌頌著個人主義的鮮明色彩，「做自己」彷彿就代表了自由、叛逆。很多人給張幼儀的評價是「擁有傳統美德的女子」，總是委屈忍耐，總在犧牲奉獻。

但是，為什麼不能解讀為：對張而言，盡恩義、明道義，就是她所追求的人格境界呢？

她也是做自己的，她吃苦、但她安心，坦然無愧。

她的人生也許缺少縱情放誕、狂放激情，但癡戀激情會隨著時間褪色，恩義卻比愛情多了不離不棄的持久。

哲學家金岳霖雖愛戀林徽因，但當他決心不要打擾梁林婚姻時，他便謹守朋友分際。林徽因生病時，金岳霖燉了雞湯送去，每次都是送到客廳便離開，不多做停留。

翁瑞午和陸小曼的關係頗受爭議，翁帶著陸小曼吸食鴉片，也造成徐陸夫妻不合。但，該怎麼說呢？徐死後，翁瑞午不離不棄地照顧了陸小曼將近四十年。

徐志摩的生命很早就停止了，我們來不及看到他更長遠的變化。

他的人生信念只停在「追求自由」、「單純浪漫」、「做自己」的階段，但他身邊的人，則繼續走下去，展現了更深層蘊藉的生命。

再一次翻開徐志摩這一課，我不禁重新思考：

我應該只用個人好惡評斷作家成就嗎？

我應該只用個人好惡影響學生的判斷嗎？

我討厭一個人，到底是因為真的理解他，還是因為我在他身上投射了某個我所厭惡的特質？

還有最後一題——只用愛情二字，足以解釋人世間所有情感嗎？

這是一個沒有標準答案的一堂課，但我希望給年輕孩子們、給自己，一個沉澱思量的空白作答欄。

天才神話的破滅

——王安石〈傷仲永〉與電影《心靈捕手》

在看奧運選手的相關新聞時，很常看到類似「天才選手」這樣的標題：天才滑板選手、跳水天才、土耳其「無課金」大叔輕裝上陣，瀟灑打下銀牌……

細看採訪就會知道，每一位天才型的選手，背後都是加倍的苦練。但神童天才的戲劇性和話題性都高，宋代就有一篇關於神童的故事：王安石寫的〈傷仲永〉。

方仲永生在世代務農之家，家裡連紙筆都沒有，五歲的時候，突然要求紙筆，即刻寫下一首還不賴的詩（前世記憶？）。這下神童之名一炮而紅，方老爹認為有

利可圖，每天領著仲永才藝表演，一路表演到青春期，神童光環不復，到十七、八歲，已經「泯然眾人也」。（跟一般人沒兩樣）

金溪民方仲永，世隸耕。仲永生五年，未嘗識書具，忽啼求之。父異焉，借旁近與之，即書詩四句，並自為其名。其詩以養父母、收族為意，傳一鄉秀才觀之。自是指物作詩立就，其文理皆有可觀者。邑人奇之，稍稍賓客其父，或以錢幣乞之。父利其然也，日扳仲永環謁於邑人，不使學。

——王安石〈傷仲永〉

王安石用三個字指出神話破滅的原因：「不使學。」強調後天學習先於資質的重要性。

但我認為，文章中還有一個重點：「不使學」，**是誰不讓方仲永學習？**

是他那個見識狹隘的父親。

仲永年紀還小，就算資質再好，終究還是個孩子。身邊是否有人能助他一臂之力，讓他飛得更高？這是更大的關鍵。

同樣的故事，在中國也有一個被稱為「現代方仲永」的案例。

張炘煬十六歲讀博士，曾是中國年紀最小的博士生。但如今的他選擇在家啃老，媒體酸他「跌落神壇的神童」。

細觀張炘煬的成長過程：

十歲時他跳級參加高考，考上二線大學。師長和他自己都想要重考一年拚頂大，但父親反對，因為要爭取「年紀最小的大學生」頭銜。

十三歲時教授幫他爭取了德國留學的機會，認為德國的資優教育更適合他。但德國要求入學年齡至少要十四歲，教授說，再等一年去德國吧？父親不肯，堅持讓他在十三歲那年考研究所，成為「中國年紀最小的研究生」。

十六歲那年他研究北京房價，認為當時房價正適合入場，要求父母買一套兩百萬的房。父母不肯，兩邊爭執鬧上媒體，最後父母租下那間房，騙他說已購買。多年後，那套房已值千萬。

二十八歲他終於取得博士學位，工作兩年後辭職在家啃老。「他們不懂，卻要給你人生指點江山。」理直氣壯的啃老，接受採訪的他，神情玩世不恭，眼裡卻有種憤怒。

每一次人生可以更上一層樓的轉折點，都被親人掐斷。

曾經屢屢上報的神童如今安在？只剩下一個蒼白空洞而憤怒的靈魂。

電影《心靈捕手》裡，麥特戴蒙飾演一個憤世嫉俗的數學天才「威爾」。數學系教授在黑板上寫下的題目，整個麻省理工學院的資優生都解不了，卻被學校擔任清潔工的威爾輕鬆破解。

威爾有一群兄弟，平日他們喝酒鬧事，但這群兄弟知道威爾資質遠甚於他們，並不希望威爾只像他們一樣在工地度日。當威爾意志消沈，只想跟這群熟悉的兄弟打工度日時，他最要好的朋友查克憤怒了：

「我一天中最棒的時刻，只有十秒，就是從停車到你家門口。每次我敲門，都希望你不在了。不說再見，什麼都沒有，你就是走了。」

查克深知威爾非池中物，真摯的希望好友能離開他們這個圈子，飛得又高又遠。

「希望你走了」的背後，是更深的期待。

電影最後，威爾鼓起勇氣追尋自我價值與幸福，勇敢離開了。第二天一早，查克來到威爾家，敲門沒人回應，確定人去樓空後，查克先是有些失落，之後又露出微笑。

你身邊，有這樣不計個人得失，願意推你一把，鼓勵你振翅飛翔的人嗎？

「能使學」的第一步，往往是原生家庭的栽培與陪伴。就如奧運採訪所述，我們可以看到戴姿穎父親對女兒的長期支持與陪伴；李洋說，他的球拍線都是父親拉的，這樣一路相挺的心意。

但，若原生家庭難以給予支撐，交友恐怕是我們的第二羽翼。為何《論語》裡多次提到「擇善而從之」的交友觀念？何謂「善」？我認為除了對方的能力、優點外，還包含了更高的視野，以及能共好的正能量。

孔子提出「益者三友」：「友直、友諒、友多聞。」朋友不能只是湊在一起相互比爛，相互唱衰，形成一個「沒關係，我爛他也爛。」的同溫舒適圈。若是有願意鼓勵、諍言直諫的朋友，真的要好好珍惜。

以上，可稱為人和。人和是比物質支援更重要的資源。

但，如果沒有人和，又該怎麼辦？

原生家庭無法選擇，社經背景不易翻轉，這時剩下的，只剩自己。

自己是否有求好的心？自己是否有不甘於此的企圖？

拳擊選手林郁婷為了保護被家暴的母親學習拳擊；來自破碎家庭的黃筱雯在拳擊場上打拚，寫信鼓勵獄中服刑的父親：「他在裡面的時候我寫信都跟他說：『我雖然有獎金撐著家裡，但你也要有點貢獻。』希望我這麼努力改善家裡狀況，有帶給他正面影響。」

她們化身為自己的貴人，同時也成為別人的助力。資質是先天的，能力和眼界卻須後天積累。「友多聞」，具有宏觀視野的長輩師友能助我們更上一層樓。

又或者，當我們不是那個天才時，也可以像查克一樣，為朋友脫離泥濘、振翅高飛而微笑——

那個笑，有一個更美的名字，叫作「成全」。

成功是靠運氣嗎？

談談李斯的美麗與哀愁（上）

李斯在高中國文課本的作家群裡，無疑是最特殊的一位。

我們的作家群裡，幾乎都是失意魯蛇居多，有人位居帝王卻淪為階下囚，有失意文人懷才不遇，更有人貶謫流浪一路到海南。

不是病死，就是窮死，而且他們還要很樂觀——要嘛，他要心繫天下；要嘛，他要甘於平淡，瀟灑曠達。幾乎清一色的，不是儒家君子，就是道家隱士。

不是道德模範生，就進不了國文課本嗎？

曾有畢業的學生忍不住發問：「出了社會，明明職場就很現實殘暴，國文課本為何不教法家呀？」

為何不教法家呀？

法家人士除了韓非，還有一位也進了課本。而且，如果以普世對「成功」定義檢視的話，這位仁兄可是大富大貴，權傾一國，十足的成功典範。文章寫得好，政途還順遂，一路當到宰相，兒女皆與皇室通婚——

那麼，就讓我們來看看這位國文課本裡最特別的存在吧！

他，是大秦王朝的宰相，李斯。

在談李斯之前，我想先問一個問題：

你覺得，一個人的成功，跟「運氣」有多大關聯？

二〇二二年的搞笑諾貝爾獎經濟學獎，頒給了一個數學模擬實驗：「人生遊戲」。

科學家模擬了一千個玩家，隨機分配他們的天賦值，在遊戲初始每個玩家有十元資產，隨著每一回合，他們都會隨機碰上「幸運」、或是「不幸」的事。

實驗結果出爐，在一千個玩家中，最成功的玩家，他們的「天賦值」平均只有0.65，比整體平均值（0.6）只高出一點點。

學者得出一個結論，在起始點相同的狀況下，成功者的致勝原因可能就是靠「運氣」。所以，**如何提升與好運相逢的機會，便成了致勝關鍵**。

但問題來了，又是什麼決定了好／壞運的分界？

那麼，我想用「好運」、「壞運」的概念，解讀李斯生命中的每次重大抉擇：

一、青年立志，自我投資

年輕時的李斯，就《史記．李斯列傳》來看，他沒有什麼顯赫家世。在楚國只做一個沒什麼前途的小公務員，更慘的是工作環境還有很多老鼠。糧倉的老鼠又肥又大，囂張不怕人；廁所的老鼠瘦瘦小小，見人就躲——工作沒前途，環境還很差，這應該算好運？還是壞運？

孩子們噁了一聲，女孩們直接說：「我不行，有夠衰！」

對，很多人看到老鼠就是尖叫，但李斯的生物觀察卻悟出了道理：「人之賢不肖譬如鼠矣，在所自處耳！」（人是賢能還是無用的關鍵，在於他的處境！）

世人眼中的壞運，對李斯來說卻是一種警示。《史記》說，李斯「乃從荀卿學帝王之術。」

「乃」，譯作「於是」，這是當機立斷的辭職，再次學習，進行自我投資。

我們可看到，年輕的李斯已能將他人眼中的「壞運」轉念，是個將危機化為轉機的高手。

跟著荀子學成之時，他也有了明確的人生判讀標準：「詬莫大於卑賤，而悲莫甚於窮困。」

我李斯，絕對不要再當那個廁所中畏畏縮縮的老鼠。

這是李斯的起點，從老鼠處境所悟出的人生準則：

這是個人踩人的現實世界，我必須爬得夠高，才能擺脫卑賤貧困，被人踩踏的命運。

這個標準好不好？說真的，很勵志，而且沒什麼不對。

二、初入職場，屢逢危機

李斯學成當下，也立刻鎖定目標：「秦國」。

進入秦國後，他提出的「離間他國君臣」策略頗受秦王賞識，拜為客卿。

但接下來，發生了二次「壞運」大危機：

鄭國水利間諜案，以及那個讓李斯皮皮挫的男人——韓非。

危機1：鄭國水利間諜案

韓國派了一名水利工程師「鄭國」遊說秦王建水渠，意使秦國大興土木，勞民傷財，沒時間攻打韓國。

但這間諜案穿幫了，秦國本土派立刻發動「外來客卿不可信」運動，秦王下令

「逐客」。

對李斯來說，這是一次裁員危機。

若是別人，可能就是默默離開（還沒遣散費），但李斯不同，他選擇上書給老闆，也就是歷史上赫赫有名的〈諫逐客書〉。

這封上書改變了秦國政策，也改變了李斯的人生。秦王收回逐客令，重用李斯，李斯打開了自己的事業新版圖。

危機2：李斯同學，韓非的到來

秦王讀完韓非著作，對韓非崇拜有加，甚至不惜以出兵為要脅，命韓國讓韓非入秦（好個霸道總裁）。

同在荀子門下學習多年，李斯非常清楚韓非的實力在他之上，此時在「商品相似」且對方優於自己的危機下，李斯下了一個抉擇：**排除危機**。

他誣陷韓非入獄，然後趁機在獄中毒殺他。

解決兩次危機，此後，他在秦氏公司大顯身手。秦王一統天下後，他更是制定國策的政治高手，在他建議下，秦王採用郡縣制、統一度量衡，車同軌，書同文。

可以說，秦氏企業的經營策略都由李斯規劃，至此李斯權傾朝野，位極人臣，李斯子女皆與王室聯姻，顯赫一時。在李斯生日時，百官皆為之祝壽，宰相門前冠蓋雲集，數以千計的車駕擠得水洩不通。

那可能是他生命中最得意的一天，川流不息的祝壽者，文武大臣皆在他面前俯首屈膝，仕宦者最羨慕的一切都已被他拿下。

圍城：李斯的轉型危機

談談李斯的美麗與哀愁（中）

到此，我們可以看到李斯的成功有幾點：

1. 鎖定目標

工作沒前途怎麼辦？廢話不多說，果斷辭職。

學什麼最有發展？帝王學！

跟誰學？荀卿！

學成去哪發展？秦國！

他的目標非常清楚，市場判斷精準。眼光準確，還大膽果斷，簡直就是個投資能手。

2. 主動出擊，化守為攻

逐客時李斯善用他的語文表達優勢，以一篇立論精準、扣緊秦王需求的精彩文章，扭轉劣勢。

他懂得主動出擊，且展現自我優勢，使他具有化守為攻的積極性。若他只是順從現實，坐以待斃，只有被驅離秦國的下場。

但我們也在「韓非事件」和「焚書坑儒」的兩起事件，我們也可看到李斯「積極性」的另種展現：「**排他**」。

焚書坑儒，便是思想和意見的箝制。排除異議在決策中固然有其必要，但秦朝接下來都把「思想箝制」當成國策，就國家長期發展下來，便失去了修正檢視的機會。

而韓非事件，也是「排他」的一次根本展現。會威脅我的不安因子，通通剷除，哪怕那個人，曾是我的同班同學。

這是李斯的狼性，我們可以說，在排除危機上，他真的非常「積極作為」。

但我們常說，「有為有守」——李斯的「有為」是夠了，但他的「有守」，那條防守底線，他又設在哪？

中年巔峰，高處不勝寒

李斯位極人臣，兒女皆與王室聯姻，辦個宴會，整個咸陽城有點頭臉的人物都趕忙湊來：「百官長皆前為壽，門廷車騎以千數」，相府前冠蓋雲集，擠得水洩不通。

他很得意，但得意中隱隱有些惶恐。

夢想中的版圖都到手了，一人之下，萬人之上的宰相之位，建不世之功，享極榮華富貴。

但看著眼前烈火烹油、繁花著錦的熱鬧景象，他嘆了口氣：

「我從一介布衣被拔擢到宰相之位，已經是富貴到極盛了啊！物極則衰，可現在的我，不知該如何停止這台失控的馬車啊！」（物極則衰，吾未知所稅駕也！）

他有沒有危機意識？有的，在最得意的那天，李斯認知到「物極必衰」。

享受了山頂的至極美景，接下來，終歸要考慮下山路線了。

或者，用現在的術語來說，這塊版圖已經發展到極致，應該要考慮市場轉型——或者說，「人生」該轉型了。

比爾・蓋茲早年起步時，很多商業手段備受爭議，但在他成功之後選擇大力投身慈善：「慈善是最好的投資。」這是回饋社會，同時也是形象轉型。

而李斯，在他認知自己已經發展到極限時，他有思考轉型方向嗎？他說：吾未知所稅駕也！（稅駕，解下駕車的馬，有休息、停止之意）

我不知道能怎麼辦！

空有危機意識，卻沒有應對策略。

到這一刻，也許李斯一路福星高照的幸運之路，已經到了瓶頸。

偽詔篡位，成立三人組同盟

西元前二一〇年，始皇在東巡途中重病，臨終前命長子扶蘇回京繼位，但詔書未發，始皇便駕崩了。

李斯密不發喪，每日仍維持始皇照常辦公的假象。只有隨行的秦王幼子胡亥、丞相李斯、宦官趙高等少數人知情。

為何不傳詔？為何不發喪？李斯在考慮什麼？

趙高找到了李斯，說出了一個大膽提議：

「書未行，今上崩，未有知者也。所賜長子書及符璽皆在胡亥所，定太子在君侯與高之口耳。事將何如？」

傳位詔書、君王符璽都在我們手上，你打算怎麼辦？

剛開始李斯是大驚的，但趙高一次一次勸說，最後講出了關鍵：

扶蘇即位，必用蒙恬為相，到時候你可保不住相位了。

「君侯自料能孰與蒙恬？功高孰與蒙恬？謀遠不失孰與蒙恬？無怨於天下孰與蒙恬？長子舊而信之孰與蒙恬？」

這段話很有意思，若論功勞謀遠，李斯和蒙恬其實都各有所長。但趙高指出李斯兩項危機：

「無怨於天下」——你跟蒙恬，誰的民意支持度比較高？

「長子舊而信之」——你跟蒙恬，誰和下任老闆關係比較好？

這兩項都打在李斯的軟肋上，而趙高又給出致命誘惑：

「君聽臣之計，即長有封侯，世世稱孤，必有喬松之壽，孔、墨之智。」

聽我的，你才能長保榮華富貴。

利益聯盟，組隊成怪

李斯很清醒地知道，他的成功路上結怨太多，而且下任老闆早就看他不順眼。所以，最終他選擇的結盟對象是：胡亥、趙高。

我不敢說扶蘇有多正人君子，但我很想問一句，民心支持度極低，還只能跟胡亥、趙高組隊同盟，李斯你到底是怎麼搞到自己這個境地的？

趙高實在很會包裝，他說胡亥「慈仁篤厚，輕財重士」，而他口中「慈仁篤厚」的胡亥，在假傳遺詔，賜死大哥扶蘇，繼位為秦二世之後，他做的是「殺大臣蒙毅等，公子十二人僇（斬首示眾）死咸陽市，十公主僇死於杜。」

胡亥屠殺了自己十二個兄長、十個姊妹。

殺兄長，因為公子有奪位之嫌；那殺姊妹的原因呢？

我講到此，台下學生一片譁然：「老師，你剛才不是說，李斯的兒女嫁娶對象，不全是秦國公子公主？那胡亥殺的公子公主們，不會殺到李斯自己的女婿媳婦？」

對年輕孩子們來說，這太匪夷所思了：「到這地步，李斯還不覺得胡亥有問題嗎？」

他當然知道胡亥在做什麼，事實上，胡亥在做的，跟李斯如出一轍。

別忘了，李斯對他的威脅對手：韓非、蒙恬、還有其他異議分子，採取的方法也都是「殺」。

當年，同學猶可殺，更何況只是利益牽扯下的兒女婚姻。

胡亥是他立的，到這一步，只要能鞏固胡亥政權，李斯是不會有所遲疑的。而胡亥的老師，趙高，用的也是相同方式：一招「指鹿為馬」，逼群臣現場表態，直接清洗異議分子。

為什麼李斯會跟胡亥、趙高結盟？因為他們的本質、手段是一樣的。如今，這個「擋我者死」的三人組結盟，你覺得他們會有什麼同伴意識？簡直就像是一個煉蠱大甕，毒蛇、毒蠍、毒蜘蛛三毒相鬥，就看哪一個才是天下奇毒。

前文提到的「人生遊戲」，科學家最後歸納出幾項提高「幸運機率」的方法，其中便是「**避免從事風險性高的行為**」、「**慎選交友對象，避開有毒人格**」，這就是避開厄運的重要準則。

而李斯，到此一步，跟兩個天下奇毒為盟，且自己也活成了有毒人格——李斯啊！李斯，你身邊還能有好運相隨嗎？

結局：二毒相爭，底牌盡現

「老師，李斯怎麼會看不出趙高和胡亥的危險？」

下課了，學生還在討論，李斯跟以前那些課本作者太不一樣了，引發激烈的討論熱度。

你說李斯看不出嗎？我想精明如他，當然知道跟趙高和胡亥組隊，有什麼危險性。

但，就算有識人之明，還是會有種盲點迷惑了你的判斷——那就是「自信」。

在李斯眼中，趙高就是一個宦官，卑賤不足為懼。

胡亥呢？紈褲子弟一名，跟他那個一統天下的老爸來比，提鞋都不配。

所以，李斯很有信心。

不過就是一個少年蠢天子，還有一個死宦官？臨朝國政，還不是要靠他這兩代老臣。

李斯很有信心，可這自信，就是他的致命危機。

危機一：疏不見親，錯估情勢

胡亥繼位後，趙高掌握了紈褲少董怕被老臣看不起的自卑，給胡亥出了個主意：「你少到前朝跟他們說話，自然就少出錯啦！」（即位，奈何與公卿廷決事？事即有誤，示群臣短也。天子稱朕，固不聞聲。）

胡亥很開心，從此更有理由宅在後宮，只跟趙高議事。（或者更準確的說，是趙高拿主意，胡亥附議）

這是趙高的第一步棋，李斯逐步被拉開和老闆的距離。他見不到皇帝，說不了話。

此後，秦王朝在胡亥的努力（鎮壓／玩樂）之下，老百姓體認到一件事：終歸是死，是要跪著死？還是站著拚一把？陳勝、吳廣揭竿而起，各地紛紛響應。

李斯急了，流寇剛起時他還可以「**上督責之術**」（以殺鎮暴），但人民左右是活不下去，民不畏死，奈何以死懼之？

李斯想見皇帝，趙高假惺惺的出了主意：「皇帝閒著時，我就打**PASS**給你，丞相趕快進宮勸諫。」

可他專挑胡亥和後宮佳麗其樂無窮的時候，讓李斯進宮。每次被李斯打斷好事，胡亥也生氣了：「丞相是瞧不起我嗎？」

「陛下您想想，當年修改遺詔時，丞相就已是丞相，扶植您登基，他也不過還是個丞相。您想，他還想圖什麼？」

「您不問，我不敢說，但皇帝久居深宮，外面只知丞相，不知皇帝啊！」（**丞相居外，權重於陛下。**）

趙高一句話，為這局蓋牌，結束這一回合。

論才幹和政治能力，李斯絕對在趙高之上。但他還是輸給了趙高，因為趙高和胡亥更親密，因為趙高比他更懂胡亥。

於是，胡亥下令逮捕李斯，由趙高主審。（欸？）

危機二：底牌洩漏，慘死市口

李斯被捕下獄，但他始終心存希望，因為他還有張最強底牌。

這張底牌讓他逢凶化吉多次，那就是——「上書」。

「斯所以不死者，自負其辯，有功，實無反心，幸得上書自陳，幸二世之寤而赦之。」

他的辯才和斐然文采，讓他在始皇時期多次逢凶化吉，遇難呈祥。這一次，他也要來紙筆，洋洋灑灑寫了「七大罪」上書自我檢討。

但趙高更聰明，他早就知道「上書」是李斯的強項。

所以，傻瓜才會讓你打出這張王牌。

李斯的奏書寫好，趙高棄之不奏，直接封殺。

同一張王牌秀太多次，就不是王牌了。

更何況，就算這封奏書真的送到胡亥面前，又能救李斯的命嗎？

讓我們看看他自敘的七大罪吧：

「以脅韓弱魏，破燕、趙，夷齊、楚，卒兼六國，虜其王，立秦為天子。罪一矣。

又北逐胡、貉，南定百越，以見秦之彊。罪二矣。

尊大臣，盛其爵位，以固其親。罪三矣。

立社稷，修宗廟，以明主之賢。罪四矣。

更剋畫，平斗斛度量文章，布之天下，以樹秦之名。罪五矣。
治馳道，興游觀，以見主之得意。罪六矣。
緩刑罰，薄賦斂，以遂主得眾之心，萬民戴主，死而不忘。罪七矣。」

這什麼七大罪，根本是七大功。李斯認為他對大秦企業有功無過，這是自數功勞，顯擺來著。

你說，胡亥若真看完會什麼感覺？我認為，只會更想多捅李斯幾刀。

胡亥最怕的，就是老臣不把他放在眼裡。而李斯顯擺功勞，更是澈底踩在他最介意的點上。

趙高封殺了這上書，說不定還是幫李斯減了幾刀呢！

自負，讓李斯迷失了判讀人心的精明。至死，他依舊不懂胡亥，不懂胡亥為何要殺他。

最終，李斯腰斬於市，誅連三族。

死前，李斯哭著跟同在法場上的兒子說道：

「當年我們一起帶著小黃狗，出東門打獵的日子，如今可不復得了啊！」

二世二年七月，具斯五刑，論腰斬咸陽市。斯出獄，與其中子俱執，顧謂其中子曰：「吾欲與若復牽黃犬俱出上蔡東門逐狡兔，豈可得乎！」遂父子相哭，而夷三族。

——《史記・李斯列傳》

遙想當年百官祝賀的那天，李斯曾感嘆：「物禁大盛。」

可如今，死無全屍，斷子絕孫的結局，是他曾預料過的嗎？是他努力想避免的嗎？

開局一路過關斬將，總能逢凶化吉的強者李斯，到底為何會讓自己淪落至此呢？

為李斯點一首〈倒帶〉

談談李斯的美麗與哀愁（下）

讓我們倒帶，回到開局起點

李斯為何會以如此悲劇收尾？

是他才能不夠？努力不夠？我想絕對不是。

還是因為他一心追求名利富貴？

但老實說，追求富貴有錯嗎？能夠富貴，有誰想要貧窮？能夠財富自由，誰不想早日退休？

回到李斯學成之初說的話：

「詬莫大於卑賤，而悲莫甚於窮困。久處卑賤之位，困苦之地，非世而惡利，自託於無為，此非士之情也。」

久處人生魯蛇組，還要憤世嫉俗，自命清高，這根本不是大丈夫該做的事！

李斯的言論，其實並沒有錯。

但問題在於：**追求利益外，李斯再也沒有修正目標了。**

一、利益導向的格局，無法及時修正目標

愛瑞克在《內在原力》這本書提到，先決定「我想成為怎樣一個人」，以終為始，

這才是能夠發揮內在原力的信念系統。

「我想成為怎樣一個人」，這是一種以終為始的思考。先確立終身目標後，在逐步規劃出階段型任務。《論語》有句老話：「任重而道遠」，格局越大，信念系統可以涵蓋的範圍也越大。這也是為什麼孔子等老人家總是提倡「立志」的重要性——志向確立，才能明確規劃個人生涯。

李斯早期立定「脫貧」志向，澈底奉行了「利益導向」，但很可惜的是，當他已取得目標時，且難再有突破時，卻遲遲無法找到轉型修正的方向。

一個人的格局，決定了他這條路的寬度。李斯的路上，除了利益外，沒有「利他」、「共好」的選擇。他沒有戰友、沒有同伴，有的只有暫時同盟的共同利益者。一國宰相，手握大權，卻無恩信於人；他能力雖強，卻一人不信，一人不用，具有強烈「排他性」。

孔子說：「放於利而行，多怨。」凡事只會將個人利益置於最前，會招致怨恨。李斯將好處拿滿，仇恨值也順便拉高拉滿。

二、強烈排他性，造成無外援的真空狀態

如果韓非沒死，他有沒有跟李斯聯手的可能性？

李斯一定會被韓非取代嗎？

仔細評估的話，首先，李斯跟韓非學出一脈，觀念相似，二人若是聯手，應該很快能有共識默契。

其次，韓非有一項致命弱點，口吃，嚴重到會讓秦王失去耐性的口吃。

在戰國說客縱橫時代，說客以巧舌為尚，張儀被打得半死，醒來只問一件事：「我的舌頭還在嗎？」

舌頭還在，翻盤的資本就在。在言說巧辯的時代，口吃無疑是韓非致命弱點。

而口若懸河，朝堂上舌戰群臣，正好是李斯的強項。

所以，韓非一定能取代李斯嗎？我想取代有限。

相反的，若這對同學組成聯盟，對內有韓非規劃籌謀，對外有李斯公關行銷，

恐怕新時代的帝國雙璧就這麼成形了。

《內在原力》中提到：「聰明的人會聯手把餅做大，每個人都分到比原來更大的餅。」

很可惜的，在李斯的世界裡，他的餅只容得下一個人吃。他殺韓非、殺蒙恬，殺盡異議分子——但，異議分子，往往是讓我們自我檢視、即早修正的關鍵要素。

當李斯的排他性，清洗了他身邊一切可能敵人，他也陷入了真空無援的境地。

三、物以類聚，有毒人格的煉蠱聯盟

為保利益，李斯不擇手段。

從早期殺友、剷除異己，後期偽詔擁立胡亥，上督責之術以保富貴。

前面我們有說過，論開創的「有為」積極性，李斯絕對有。但「有守」——那條行事準則的煞車底線，李斯卻是毫無底線。

一次次的背叛，背叛同窗、背叛老闆、背叛丞相職責……他已讓自己成了老奸巨猾的人間毒物，也只剩下胡亥、趙高與之同黨。

《內在原力》提到：「**缺乏善良品格的人在無形中讓高素質的人逐漸遠離自己，最後失去翻身的機會。**」

在史蒂芬．柯維的《與成功有約：高效能人士的七個習慣》中提到，先讓自己擁有「值得信任」的個人品牌，才能由內往外的開展「人際關係」、「管理領導」、「團隊組織」的信任團隊。

可惜的是，李斯什麼都背叛，唯一不背叛的，就是他的利益。

但最終，利益也背叛了李斯。

下課了，老師還有話要說

法家的兩位優秀代表：韓非、李斯，讀他們生平，讓我嗟噓許久。細讀韓非著作，你會驚嘆於他們對人性黑暗面的透澈分析。但學習的最終，應是能使自己的人生具有趨吉避凶的智慧，為何韓非卻躲不過李斯的陷害？李斯亦躲不過腰斬於市、誅殺三族的悲劇？

回到文章一開始，畢業學生的質問：「老師，出了社會後，才發現社會有夠現實黑暗，我們幹嘛不早點教法家？」

我們閱讀法家理論，可以對人性另一面有所理解，對職場厚黑學有所認識，這也是一種策略運用，更是一種自我保護——因為一派天真的理想化，只是一種無知愚蠢。

但，如果要在價值觀還在基礎建立的孩子面前，告訴他們：

「資源有限，把你的同學踩下去，你們彼此是敵人，絕對不是夥伴。」

我真的不忍，也不願。

教育，難道是讓一間教室成為弱肉強食的飢餓遊戲賽場？

閱讀各家學說，多方思考，這個社會可以有各種面向解讀，而越能從各方面多元思考的人，擁有更多「選擇」的機會。

一個人所「選擇」相信的，會形成一套看待世界的濾鏡。

我不希望孩子們只有善良，但是善良可以是一種選擇。

我不否認人類皆有利己私慾，但「選擇」共享和互惠的利益，才能長久。

善與惡，溫暖還是冷酷，是可「選擇」的。

「這個世界太大，大到絕對可以容得下任何人的成就，不用擠，不用搶。」

——愛瑞克《內在原力》

講李斯生平，我就花了整整三節課。孩子們聽得目瞪口呆，我講得口乾舌燥。

但，這個人物太有意思，他是另一種現身說法，驗證了：

運，是可以改的。

但改命轉運不在改名求神，不在堪輿風水，更不是作法防小人請貴人。

我們真正能改的，終歸是自己的心。

若是成功有運氣存在，好運、壞運的判別與運用——

終究，操之在己。

找出生活中的惡犬鼠輩

韓非〈猛狗社鼠〉與戲劇《甄嬛傳》

高二對孩子們來說，恐怕是高中三年裡最活躍鮮明的記憶。這時候他們大多擔任社團的重要幹部，帶領學弟妹完成社團各項活動，也是領導力、團隊管理和執行力的一大訓練。

有人的地方就有江湖，社團裡的人際關係，也讓高二孩子們甚是苦惱。有的人擔任社長，苦於身邊幹部太過強勢、甚至自成派系，破壞團隊氣氛；有的人求好心切，卻只換得學弟妹的迴避。

「『管人』這件事真是太難了！」一個孩子抱怨著：「課本都不教這些嗎？」

要論起先秦諸子們，最聚焦於「群眾管理」的，莫過於法家代表人物，韓非。剛好，高二課本就有這麼一篇，韓非的〈猛狗社鼠〉。

什麼是猛狗社鼠？

法家代表人物韓非，提出君王身邊有兩種人的存在，會為國家帶來災禍：第一種是如「猛狗」般的「權臣」，韓非打了個比方：一個酒商，他的商品優良、服務殷勤，廣告也努力宣傳了，但就是因為看店的狗太兇惡，把顧客嚇跑，商品最後還是乏人問津。

宋人有酤酒者，升概甚平，遇客甚謹，為酒甚美，縣幟甚高著，然不售，酒酸。問其所知，曰：「汝狗猛耶？」曰：「狗猛，則何故而不售？」曰：「人畏焉。」

——韓非《韓非子．外儲說．右上》

即使君王（管理者）求才心誠，人才依舊會被權臣屏除在外。這些「猛狗」會阻礙人才的出頭，把控職場建立自己的親信黨派。

陸劇《雍正王朝》裡有這麼一段：

雍正剛登基，國家鑄製新幣。亮澄澄的銅幣讓雍正很是開心，卻有一個其貌不揚的六品小吏孫嘉誠，大膽揭發了銅錢中的弊案。

得知弊案，雍正很是震驚，他環視身旁上書房大臣，從群臣尷尬神情可以得知，此弊案沉痾已久，大臣皆知，唯獨皇帝不知。

「這制度先帝時期就在了。」主事大臣八王爺，道貌岸然的說，劈頭就打出「先帝祖制」這張牌。（**這就是法家最討厭的尊古制！**）

雍正氣在心裡，但他剛登基根基不穩，還不能立刻拿上書房大臣開刀。他只能教訓人微言輕的孫嘉誠：「你考上進士才幾年，就能升到六品？這是鑽刺打點，走了什麼門路？」

「稟皇上，臣本是康熙六十年探花。」孫嘉誠很委屈，他高中探花，卻因為長相醜陋，被主管硬是擋下升遷之路。（**更有可能的是，因為他沒有鑽刺打點才被刻意打壓。**）

這是第一隻猛狗，小主管階級直接打壓，就讓人才難以出頭；而第二隻猛狗，正圍繞在君王身邊的權臣。明知孫嘉誠說的是真相，但剛歷經九龍奪嫡、勢力不穩的雍正，只能先重用政敵八王安撫人心。再怎麼氣，他也沒實力立刻跟八王翻臉。所以末了，雍正忍下怒氣，只能先斥退孫嘉誠。

——《雍正王朝》第二十二集

這一段的演出，清楚表達「猛狗」打壓人才，掣肘君王，讓君王都難攖其鋒的危險。

除了「權臣」外，韓非提出的另一種危險人物，是如「社鼠」般的「近臣」，老鼠肆意寄居在祭壇神木裡，導致投鼠忌器，難以根除。

樹木而塗之，鼠穿其間，掘穴託其中，燻之則恐焚木，灌之則恐塗阤，此社鼠之所以不得也。

——韓非《韓非子．外儲說．右上》

就如太監、妃嬪、外戚等近臣，他們和君王生活相依，熟知君王喜怒，進一步把控君王與前朝。不除，君王被他們蒙蔽；除去，則君王生活中又少不了他們。

這段就要有請《甄嬛傳》裡最強助攻「蘇培盛」蘇公公出場了，江湖人稱「流水的嬪妃，鐵打的蘇妃」，皇帝多疑薄情，對後宮嬪妃的恩寵不過爾爾，唯獨身邊這位總管太監，始終深得皇帝信任。

劇中一個片段，就可見作為「近臣」的蘇培盛，有多大影響力：

大將軍年羹堯欲晉見皇帝，正逢皇帝與果郡王在下棋，按照禮數，他應該在殿外邊上等候，但年羹堯大大咧咧站在殿門前正中央的位置，蘇培盛雖多次善意提醒，年羹堯皆不理會。蘇便取了把椅子放在側邊：「請大將軍坐等。」

這已是給了年羹堯很漂亮的一個下台階，誰知年羹堯跋扈慣了，硬要坐在中間的位置等候。且當果郡王出來時，年羹堯沒有起身，還以患有足疾為藉口拒絕行禮。之後蘇培盛奉茶時，看似無意地提及年羹堯「坐等」、「見到果郡王不行禮」的事，最後才輕描淡寫的說一句：

「不過話說回來了，大將軍勞苦功高，又有誰敢和他計較呢？」

——《甄嬛傳》二十二集

短短幾句話，就引得雍正對年羹堯的厭惡又加深一層。

近臣的威力，可見一斑。

其實劇中的蘇培盛已經很有分寸了，歷史上多的是濫權勾結、破壞朝綱的太監、后妃，而後代開國君王，也有不少針對后妃干政、太監濫權立下規範，嚴密防範。

但，比起一味防範「社鼠」，我們是否可以有不同的應對方法？

先從「看見」開始

年羹堯功高震主，皇帝早起殺心。那麼，蘇培盛為什麼還要出手補刀？

有果必有因，年羹堯非常輕視太監，就連對首領太監蘇培盛也是毫不客氣，屢次嘲弄。

綜觀全劇，幾個惹怒蘇培盛，被他設局報復的，都是踩到蘇培盛的二大禁忌：

一是傷害他珍愛之人，另一就是輕視嘲弄太監，不把太監當人看。（譬如說惡意欺負小太監的妙音娘子余鶯兒。）

而甄嬛能得蘇培盛一路相幫，固然有多種原因，但觀察細節，我們會發現，不單是總領太監蘇培盛，甄嬛對於宮女太監一直都是關懷尊重：冬日裡多發一床棉被，協助太監家人就醫。

甄嬛御下有方，有紀律、但不嚴苛，對付存有貳心的下屬，她殺伐決斷毫無猶豫。但即使寵冠六宮，她對皇宮裡最低階的奴僕，也是關懷尊重，賞多於罰。比起其他對奴僕動輒打罵輕賤的妃嬪，甄嬛「看見」基層員工的需求——

也更能得人心。

法家的學說是為管理者服務，所以再三提醒「猛狗社鼠」對領導者的危害。但法制嚴令可以嚇阻，卻難以引導人性中的良善。

但在對方成為潛藏危機之前，我們會不會也有另一種解法？

譬如說，有禮的對待基層人員，而不是視而不見、輕蔑打壓？

又或者，比起防範他人，我們自己身上，是否就具有「猛狗」的特質？

別讓自己活成猛狗

「猛狗」造成顧客不願光顧，韓非說的是權臣，但我們不妨逆向思考：也許我們才華洋溢、計畫縝密，也是出於一片好意，為何人際關係上卻屢屢受挫？

也許就只是一個缺點，比如說：做人太強勢？說話太刻薄？太過情緒化？

一個缺點，就足以成為一頭猛狗，將親近的人一一嚇跑。

上課至此，孩子們對法家提出的君王心計、政治厚黑學很感興趣，就連影片中每句危機四伏、意有所指的政治對話，也回味再三。

但學生也忍不住發問：

為什麼法家人物幾乎很難善終？

甚至就連韓非自己，也死於猛狗權臣——還是昔日同窗的李斯之手。

在開始上課前，我問同學：

「你覺得人性本善？還是人性本惡？」

但最後我們會發現，人性善惡爭論不休，儒、道、墨、法的看法各有道理，因為人性就是這麼的多元複雜。

四家學說各有優點，但人生太多面向，卻不容易獨尊一術，一條道走到底。

儒家有自我提升、入世利他的優點，但容易流於形式，缺乏變通，還需法、墨兩家的實用主義相輔相成。

道家能順應萬物，適合中年心境，但學生太早接觸道家，容易曲解為躺平主義，合理化自己的消極與怠惰。

我們的學習，正是為了讓自己思考更多彈性，遇事能有更多思辨與處理方式。高中的孩子們對法家提倡的帝王權術很感興趣，但我還是忍不住提醒：防人之心不可無，但太過防範他人，機關算盡，最終換來的也是別人的忌憚防範，相互算計。

畢竟，你想要選擇相信人性「善」？還是「惡」？

想要放大複雜人性中的哪一層面？

你的選擇，決定了你看世界的濾鏡，以及世界對你的回饋。

你還相信善有善報嗎？

司馬遷的自問（上）

「我覺得很不公平。」

一個孩子參賽回來，悶悶不樂了幾天。剛開始我以為他太在意輸贏，找來一聊，才知道是賽制上有些爭議。

「如果是技不如人，我反而不會這麼難過。」孩子鬱鬱寡歡：「之前比賽也有過這種狀況，我們處處遵守規範，但鑽漏洞的反而得獎。」

「這讓我覺得，老實的人像個笨蛋。」講著講著，孩子眼圈紅了：「還有努力的必要嗎？」

這是個認真勤勉的孩子，我反而很難用一句「過程比結果更重要」來安慰。畢竟，這句話對重視結果的人來說，真的很像句……廢話。

更何況，快要滿十八歲的孩子問出的，恰恰也是我這幾年一直在思考的問題。

「那麼，讓老師先問你一個問題。」我沉思一會，開口：「你相信這世界有公平存在嗎？」

你還相信這世界有公平存在嗎？

你還相信這世界的法則是「一分耕耘，一分收穫」嗎？

你還相信「善有善報，惡有惡報」這句話嗎？

我成長在一個虔敬禮佛的家庭，因果報應，積福行善這些觀念，是我那善良的母親從小教育的原則。

與人為善，勤懇踏實，潔身自愛，天公疼憨人——但不知從什麼時候開始，我開始對這些話有所質疑了。

也許是大學時期第一次的志工偏鄉服務？讓我發現了自己有個不虞匱乏的求學歷程，已是多幸運的起步。

也許是在進入職場後？逐漸發現，光靠熱血和理念並不能做好事，必要時候，你得學會手段和妥協。

也許是在進入社會後？我開始有所防範，因為懂了滿腔倒出來的真心很可能換得一刀子暗捅。

更開始有所掙扎，是要做漂亮事享受熱鬧掌聲？還是老實做事佐以寂寞清冷？

「孩子，你的質問，有個人也寫了一整本書，在討論這個問題。」

「誰？」孩子擦了擦眼淚：「課本有嗎？」

有的，那個人，用盡他最後活著的意志，寫下的書，叫做《史記》。

司馬遷。

老天到底給了善人什麼？

《史記》有「列傳」七十篇，紀錄那些並非公侯皇室，但卻為司馬遷深深喟嘆，認為歷史當為其留下一筆的人物。

「列傳」的第一篇，是〈伯夷列傳〉。伯夷叔齊的故事，我想大家都不陌生。孤竹國君主想傳位於老么叔齊，但此舉有悖於嫡長子繼承的宗法倫理，叔齊不願與長兄爭奪君位，兄長伯夷也不願違背父意，最終兄弟二人雙雙出走，離開孤竹國。

兄弟二人決定投靠姬昌，但周武王出兵伐紂，二人不滿武王以暴制暴的方式，叩馬力諫。商滅之後，二人決定不食周粟，以表明對武王政權的不滿，最終餓死於首陽山。

世人艷羨的王位，在兄弟倆眼中，只要取得不當，他們便不肯取；武王伐紂又關隱居的兄弟倆何事？但他倆堅持要出面力諍，力諍不成，更不屑苟活於他們不認同的政權之下。

這對兄弟「擇善固執」到可怕的地步，這樣的道德潔癖已經是接近殉道的決絕。要知道「餓死」是很漫長的歷程，在漫長的生死折磨中，隨時向求生妥協，是件很容易的事。以此明志，更是殉道者對這世道頑抗不屈的堅決表態。

如果要說對「善」的堅持，伯夷二人應該是極端的最高值了吧？

但，他們得到了什麼？

孔子的學生中，以顏淵最為好學，簞瓢屢空，糟糠不厭，但顏回得到了什麼？貧病交加，英年早逝。

知名大盜「盜跖」肝人之肉，暴戾恣睢，橫行天下，結果呢？一輩子吃香喝辣，還得以壽終正寢。

「**老天爺到底用什麼回報善人啊？**」司馬遷忍不住質疑。（天之報施善人，其何如哉？）

他的質疑，帶著錐心泣血的顫音。

我真的做錯了嗎？

司馬遷不單是為伯夷、叔齊發出質疑，他也是為自己問的。

認識司馬遷，必須先從他的〈太史公列傳〉、〈報任少卿書〉這兩篇開始。

〈太史公列傳〉是司馬遷的自抒生平，他從司馬家的史官家族開始寫，寫了父親對他的期望，記下自己從小接受的史官教育培訓，二十幾歲的壯遊，走遍大江南北，每一步都是為了那一個使命——完成一部史書。

年近三十時，父親過世，司馬遷接任了父親史官的工作，開始撰寫《史記》。他的人生目標明確，這樣的道路，應該是平靜無憂的。

但他偏偏多說了一句話。

漢武帝天漢二年（公元前九十九年），大將李陵在與匈奴血戰多天後，兵敗被俘。漢武帝震怒不已，滿朝文武都認為李陵叛降，全家當誅。而在這時，與李陵毫無關係的司馬遷卻挺身為李陵辯護。他認為李陵兵敗投降是因為「矢盡道窮，救兵不至」（已經盡全力戰鬥到最後一刻，救兵卻一直不到），猜測李陵是「欲得其當而報漢」（詐降，等待時機歸漢）。

殊死殺敵、奮不顧身的是前線將士，打勝了，卻是後方大臣喝酒慶賀；打敗了，就被躲在後方的大臣「媒孽其短」（挑撥中傷）。司馬遷為此心痛，他是真心為李陵辯護的，但他不懂老闆（武帝）的內心戲。

首先，那個遲遲不派救兵，導致這次戰敗的主帥，李廣利，正是武帝的大舅子，寵妃李夫人的哥哥。

其次，任命李廣利為帥的人是誰？正是武帝啊！

說實話的司馬遷，恰恰成了武帝有氣沒處發的遷怒對象。

因為誣上，卒從吏議。家貧，貨賂不足以自贖，交遊莫救視；左右親近不為一言。

——司馬遷〈報任少卿書〉

「誣上」是一種莫須有的罪名，老闆覺得你污辱他，你就是「誣上」。司馬遷就這麼被判死刑，連具體犯了什麼罪都解釋不清。

有一種人，你根本不用對他多做規範要求，因為他自我要求極高，志向遠大而明確。越是有明確目標，越是自律自愛，這種人往往也有著高自尊，有些事，他不屑做。

明明無錯卻得低頭認錯，忍辱苟活選擇宮刑（去勢）保命，對一個驕傲的人來說，無疑是漫長的精神凌遲。

他犯了什麼錯？

有段時間我想，不會看場合說話，觸怒上司，這叫白目。可再仔細一想，又不禁感到悲哀。

一個不容許說真話、容不下正直清白的世道，為什麼我們檢討的是選擇真誠的人？而不是檢討這個惡行肆虐，鄉愿充斥的世界？

僕以口語遇遭此禍，重為鄉黨所戮笑，以汙辱先人，亦何面目復上父母之丘墓乎？雖累百世，垢彌甚耳！是以腸一日而九回，居則忽忽若有所亡，出則不知所如往。每念斯恥，汗未嘗不發背霑衣也。

——司馬遷〈報任少卿書〉

司馬遷是痛苦的，他將滿腔悲憤投注於《史記》書寫中。〈伯夷列傳〉就是一個戟指上天的詢問，如果說「天道無親，常與善人」，那為什麼我讀歷史，我寫歷史，看到的總是惡有善報？善人沈淪？

「余甚惑焉，儻所謂天道，是邪非邪？」（我很疑惑，如果這就是所謂的天道，這是正確的嗎？）

如果良善不見得有善報，那麼這些選擇良善，甚至不惜為了正道犧牲的人們，我們又該怎麼定義他們的抉擇？

你還想當一個好人嗎？

司馬遷的自答（下）

你為什麼想做好事？為什麼想當一個好人？

人的道德層次，是一種從他律到自律過程。道德觀的建立，大約有三個階段：第一階段，來自他律的「**賞罰**」。成長階段中父母師長的教育，建立團體規範與我們的道德認知。孩童的道德增強很多來自長輩的回饋，嘉獎鼓勵、責罵處罰，這些外在的賞罰，強化了我們「配合」的意願。

所以孩子也是最要求公平正義的階段，他們會期待著大人給予公平的獎懲。

但隨著社會化，我們逐漸發現，真實社會很難要求公平獎懲。正直誠懇、老實無欺、堅守原則，很可能反而讓自己陷入多做多錯，排擠孤立的狀況。反倒是巧言令色、邀功媚上、鑽營打點活得有滋有味，惡人吃香喝辣，橫行無阻。

第二階段，我們開始「**質疑**」。質疑這些道德教條的正確性，甚至動搖、打破過去的價值觀，重新建立一套新的道德觀。

抉擇，就從這個時候開始。

我問眼前的孩子，如果明知比賽不公，叫你鑽漏洞，或者選擇敷衍搪塞，你會比較開心嗎？

「不會。」孩子回答得很堅決：「那不是我的個性，我如果要做，就是會認真做。」

即使明知道可能不會贏？

孩子皺起了眉，猶豫了一會：「可是，這種贏法，我也不會比較開心。」

那麼，你已經做出抉擇了。

這就是第三階段——「**抉擇**」。

即使知道不會有所回報，還是選擇善良。到這一刻，道德的自律已然形成，你不是為了獲得外在獎賞，而是為了自己的心，做出了抉擇。

到這一刻，也許我們可以重新解讀那句老話：「過程比結果更重要。」

因為早就明白了，這麼做可能不會得到外在獎賞，不見得有人稱讚，也不見得能得到好處。

依舊選擇順從本心，只是因為「我想這麼做」。

我們反而可以跳脫被結果制約的框架，真正無欲無求地享受過程——如果換來了好的結果，自然很好；如果不盡人意，但至少無愧我心，我也安心自在。

到這一刻，遊戲規則其實由我心證，我在用我自己的方式參賽——某個層面來說，這不也很過癮嗎？

做出抉擇之後

司馬遷在提出質疑後，其實也自問自答。每個人都有自己的抉擇，很難判斷對錯，說到底，仍舊是那句「道不同，不相為謀也」。

子曰「道不同不相為謀」，亦各從其志也。

——〈伯夷列傳〉

成熟的人對世道的看透在於——不再強迫改變他人的價值觀。你走你的路，我亦有我的方向。

所以司馬遷選擇提筆，寫下了專諸、豫讓、荊軻；寫下了項羽、韓信，寫創下赫赫勳功的開國帝王，也寫犧牲成仁的敗者。因為他看重的是，即使明知天命如此，依舊努力為自身抉擇奮力一搏，那電光火石中的生之燦美。

亦欲以究天人之際，通古今之變，成一家之言。

——司馬遷〈報任少卿書〉

「究天人之際」，窮盡人世道理仍無法解釋的，我們往往會稱這是「天命」，但史官的價值在於找出「天命」的規律，以及區分出「天命」和「人之主體」的價值所在。

「通古今之變」，史學家必須要能超越表象，近一步解讀歷史千百年來的大數據和其規律。

「成一家之言」，提出個人史觀，就算天不與善，天道不酬勤，我仍願以個人的意志，為這些可歌可泣的生命，留下一筆紀錄。

天命不成全，但史官可以——司馬遷以那枝輕如鴻毛，但重如泰山的筆，記錄下人類每一個以主體意志，做出抉擇的光輝時刻。

刻劃職場生態入木三分的電影《穿著PRADA的惡魔》，有一段讓我印象深刻的台詞：

初入職場的小安被惡魔上司一頓訓斥後，跟前輩奈吉哭訴。但奈吉慢條斯理地說道：「你只是做好一天的工作，還希望有人給你一顆金色貼紙，親吻你的額頭？」

我常跟畢業生說，職場裡沒有人有義務教導你、包容你，你是有拿薪水的，做好你的工作只是應該的本分。

其實又豈止是職場？

人生這場大局，每一場抉擇都是不易。那張金色貼紙，又有誰有義務頒發給你？親吻你的額頭，跟你說，好寶寶，你做的真好？

你還在等金色貼紙嗎？

還是，你可以為自己，貼上一張金色貼紙呢？

孩子沉默了好一會，悵然苦笑：「老師，這聽起來有點心酸呢。」

我懂。

選擇做對的事，很像在吃健康飲食。無添加無化工，少油少鹽少調味，吃得很健康，但實在不大好吃。

看著別人大魚大肉，難免空虛冷清，覺得自己何苦為難自己。

但身體是自己的，人生也是——終歸到最後，依舊是自我抉擇的問題。

我選擇為善、我選擇相信性善，也許寂寞不為人所理解，也不見得有回饋。

但是，道不同自然分離，也許走著走著，有著相同信念、認同你信念的人，自然會走在一起。

桃李不言，下自成蹊。

你選擇的溫柔善良，自有懂得的人相伴同行。

第3篇

放眼當代的社會

一位前線教師的迷惘

現代〈師說〉Teacher says

我還需要老師嗎？

二〇二一年五月，疫情爆發，各校停課，全台師生改成線上上課。在一個月的線上課程後，九月疫情回穩，師生終於在校園相逢，結束我們的「網友」關係。

開學的第一篇週記，我讓孩子們寫這三個月自學的狀況，有沒有什麼收穫？

意料之中的，對線上課程的學習成效，大多數的孩子說「很糟，還是喜歡實體。」

但讓我驚喜的是，趁著這史上最長的暑假，有很多孩子也開始上網自學：學日語五十音、學剪輯影片、學舞學吉他，學電腦繪圖、看電影寫影評……利用國中升高中的特長暑假，他們有了更多學習課本外技能的時間。

「頭兩個星期我很混，但混到後來日子真的很無聊，所以我開始安排學習。」孩子們的週記寫道：「現在我很享受時間是自己的時候，老師，我其實已經不想回學校了，每天在學校關這麼久時間，我覺得很沒意義。」

看到孩子已能規劃自學，我非常高興；但我也有著惶恐——在這一波線上課程的洗禮下，若我們回歸教室後，依舊是一成不變的傳統式教學，會不會被敏銳的孩子們看破手腳呢？

看破一天超過十小時的學校時間其實有很多是空轉虛耗？看破網路上其實有各種資源可以取代講台上老師的呆板授課？看破一堆大人自認很重要的形式（譬如朝會升旗或是會議演講），省略了課程反而更精實？

學校還是無可取代的學習殿堂嗎？學習場所只能坐在課桌椅間面對粉筆黑板嗎？再者，若線上已有無數的老師等你拜師，**學生還需要我這位老師嗎？**

解惑？解什麼惑？

過去，我是很排斥跟學生建立群組的，重要事項在校宣布完畢，我不認為應該還要在網路上苦口婆心的再三提醒。傳訊軟體太方便，而方便，往往會成為孩子的隨便——上課漏聽了什麼訊息，沒關係，傳訊問老師就好。

停課來的太急，不得不建立群組，我百般不願。但出乎意料的是，停課期間學生最常傳來的訊息，居然是他們學習的心得：

「老師，我剛剛聽完課很有感觸，我推薦老師去看某個影片，跟您說的很相似……。」

「老師我看完《進擊的巨人》啦！我覺得艾連……（以下省略百字）」

「老師我一直很困惑現實和理想要怎麼平衡……」

停課期間，省略了教室裡各種瑣事互動，我不用管理各種瑣事（打掃收作業各種雞毛蒜皮）和收不完的表單（你／妳為什麼家長又沒簽名？），沒想到，群組的師生交流居然讓我覺得——我恢復成一個老師了。

九月終於回到學校，要站回熟悉的講台前，打開課本，看到韓愈劈頭而來的：

「師者，傳道授業解惑也。」

我沉默了。

一場三個月的線上教學，衝擊我們慣常的教學現場。線上有更龐大的學習資源，甚至也不缺乏社群互動、網友交流，疫情前的學校制度真的還是無可取代的存在嗎？

而老師呢？

我們到底要傳什麼道？授什麼業？解什麼惑？

面對坐在台下的孩子們，我問了這堂課的第一個問題：

「請想想，**你上一個跟老師請教的問題，是什麼？**」

問什麼問題？這才是問題

孩子們嘻嘻一笑，一個調皮的男孩說：「問上課能不能去廁所。」

有調皮鬼一開頭，氣氛立刻活躍了：

「問這週能不能不寫週記？」

「問考試範圍。」

問東問西，但都是很瑣碎的雜事。可孩子們，學費繳了之後，你們每天來學校跟老師大眼瞪小眼，跟老師的交集，只有「能不能上廁所」這個問題嗎？

明明你的生活還有很多困惑：你人際上受挫、課業上不知道要選文組選理組、你不知道自己的方向是什麼，甚至有時你會開始思考活著的意義是什麼？

這些大哉問你已經開始碰到，但你只問老師「能不能上廁所」、「這個字怎麼念」，不是很奇怪嗎？

韓愈說，這叫「**小學而大遺**」。

我不敢說老師一定能給你一個滿意的答案，但有些問題你如果只跟同輩討論，有可能只得到相同視角的答案。老師平白多比你活了幾年，也許我能用過去的經驗給你一些不同的解讀視角。

從幼稚園到大學，學習成本其實也不低。如何能讀出千萬效益？讓上學讀書變成一件高 cp 值的事？這取決於個人。

請你一定盡量爭取學校能提供給你的各種資源，給他「賺回本。」

同樣的，私校貴森森的學費，請你想辦法賺回本——不是只計較冷氣費可以開多少小時的冷氣，然後在課堂上睡成一棵神木。

而是盡量掏空老師的經驗、盡量套出老師學習的方法與見解——拜託你們盡量多挖、來問，來聊，教師坐在那像一口鐘，你要敲他才會響。

想辦法把學費賺回本，**對學習，你可以更斤斤計較、更貪心一點。**

小學而大遺

學生說，老師，我想要報名一個營隊，可是他明明只是線上課程，比實體營隊只便宜了幾百塊，我覺得很不划算。

我說，孩子，你的數學非常好，但我們換個方向重新計算一下。

線上課程講師要付出的前置作業遠超過實體課程，這是其一；

其二，參加營隊你是為了探索科系，如果在營隊後能幫助你認清自己適不適合該科系，這場營隊就已回本；講得更功利一點，如果你是為了充實學習歷程檔案才報名的，省下舟車勞頓的時間換得歷程認證，不好嗎？

再說，今年不參加，在這個疫情反覆的大瘟疫時代，你確定明年就一定能舉辦實體營隊嗎？而明年，你一定會有空閒時間參加嗎？

請把握每一個學習的機會，有些機會，錯過就是錯過了。

計算了蠅頭小利，卻無視更長遠的利益。

韓愈說，這叫小學而大遺。

也聽同事提起，有家長問，老師，線上課程學費會便宜點嗎？

更甚者，也曾聽同事苦笑分享，家長說，「你們學費這麼貴，怎麼連╳╳服務都沒有？」

這幾年，家長、學生投訴成風，一言不合就訴諸投訴、上網公審。更有甚者，以服務品質要求師者，到校咆哮、拍桌，儼然以資方自居，「以身作則」的向孩子示範了「爭取權益」的方法。教師成了無法自保的弱勢，最終只能唯唯諾諾的表示「感謝賜教，多加改進」。

家長看似取得了勝利，但這真的是勝利嗎？

陳志金醫生曾說過，在醫院故意要求ＶＩＰ特權是很傻的事，因為你越不斷威脅錄影存證，請出民代動用關說，醫生越可能只敢採取消極性治療。

同樣的，既然「多做多錯」，越認真的老師折損越快，漸漸地，教師也只敢採取消極性教育——如果「多做」跟「不做」，終歸都是要被投訴的，那還不如「不做」，至少自己輕鬆自在，不至於落得傷心又傷身。

將孩子送到學校，家長到底期待老師帶給學生什麼呢？

少子化時代，招生成了各校的嚴峻課題，家長挑選學校貨比三家，學校招攬顧客服務到家。

在招生的壓力下，學校的方針變成：「老師就是服務業，要預先想好家長想要些什麼。」

以客為尊，好個服務業的最高信念。

可家長到底想要什麼樣的老師呢？

學生到底期待遇到什麼樣的老師呢？

如果我已是一項待價而沽的商品，那我主打的商品價值又該是什麼呢？

術業有專攻？

學生說，老師，我很喜歡你的課，我知道你一定花了很多時間，這樣備課會很累，但請你要堅持下去。

孩子的鼓勵和體貼我感念在心，但我知道，這個「堅持」會吞掉我無數下班後的私人時間。

少子化下各校縮編，人力緊縮，每位教師要一職多用。導師每日處理各種行政公文命令就已疲於奔命（看看那兩節課就訊息暴增的通信群組！）專任一人開多課，特色輔導、多元選修、培訓選手，堂堂開，課課沒時間專精。備課時間是在各種瑣事中擠牙膏式擠出的，更多時候，老師已不知自己在瞎忙什麼？

師者，也可解為具有某種專業技能的人。但當前的台灣，是個質疑專業的時代。醫師、老師的專業，隨時被查核質詢。大眾寧可相信網路資料，而不相信專業。

當專業服膺於群眾，以群眾為服務指標時，專業是否也成了一種可以被顧客多數表決的項目？

韓愈說，術業有專攻。

但當專業變成顧客至上的問卷回饋時，老師還有餘力傳承知識，教授學習方法與態度？

還有時間訓練學生發現問題、解決問題的能力？

還有心力守候讓學生去闖蕩他的青春，困惑挫敗時有人可商討？

我們，還有力氣回歸我們的專業嗎？還能保有教育理想和熱情嗎？

不是師說，其實是學生說

這堂課結束後，有孩子在週記上問了個問題：

「老師，你在上師說時提到了怎樣才是好老師，那你覺得怎樣才是一個好學生呢？」

我想了很久，寫下了我的答案：「應該是，一直努力想讓自己成為更好的人。」

努力讓自己成為更好的老師、更好的父母，成為一個更好的人，擁有更長遠的視野與胸襟，能看到這世界不同的景深，看透問題的核心意義。

不停止思考、不停止自我檢討；努力的不讓自己被這社會完全改變；我們不一定都能成為老師，但我們可以一直是學生。

然後，用學生的眼看出去，天地萬物皆可為師。

我想，這就是師說的意義，道之所存，師之所存。

如此而已。

當曹丕遇上AI

《典論・論文》的新解

我常笑說，疑似臉盲症的我，不是用認臉方式記憶學生，而是透過文字。作文會展現真性情，就算刻意矯飾，字字句句中仍不時透漏每個孩子的稟賦與思考方式；書寫的字跡亦是如此，所謂「字如其人」，改作業改久了，每行字或張牙舞爪，或溫婉細緻，見字皆如見其人。

曹丕在《典論・論文》中提出「文氣說」，認為每位作家都有其獨特的氣質與特色，反應在創作中形成獨特文風。

以三曹父子的詩歌舉例，雖為父子兄弟，曹丕、曹植的詩文各有特色，且和父親曹操沉鬱雄厚相比，英雄氣魄仍有差距。

文以氣為主，氣之清濁有體，不可力強而至。

——曹丕《典論‧論文》

其他藝術亦是如此，就算是同一首歌，不同人演唱，還是會唱出不同韻味。

曹丕的文氣說至今仍是文學批評時的重要理論，但今年上課，我卻遇到了個難題：

如果是AI呢？

AI是不是就能完全複製創作者的「文氣」，形成新的創作？

二〇一七年，AI詩人「小冰」發表一本創作詩集，其研發團隊表示，靠五百一十九首詩作訓練語意模型，搭配電腦視覺技術解讀圖片，讓小冰機器人具備了看圖寫詩的能力。

二〇二二年，一名男子使用AI繪圖創作參加美術展獲獎，引發藝術界的爭論。

前陣子，AI孫燕姿、AI周杰倫橫空出世，音色已修飾到與原聲真假難辨。剛開始學生信心滿滿，認為一定分辨得出何為原聲；我讓學生進行盲測，有一半的孩子辨認錯誤。

過去我們以為，創作者、藝術工作者，是較不易被AI取代的工作，但AI模擬歌手的出現，似乎已打臉了這種說法。

對此，歌手孫燕姿也在個人平台上發表了意見。針對AI，燕姿提出了幾項重點：

1. 歌手要如何跟幾分鐘內就能推出一張專輯的「人」相比？

2. 關於歌唱情緒、換氣、音調等技術，對ＡＩ來說只是遲早克服的問題。

3. 在ＡＩ之下，每個人已經是可預測的，同時，也是「可塑」的。

面對ＡＩ的挑戰，燕姿顯得理性而超然。她冷靜表示，歌手真的很難跟ＡＩ競爭，這是一個連犯錯都能由計算推導的技術，人要如何競爭？

但，燕姿也淡然表示：

「這種情況下，很可能沒有任何技術能預測我本人是什麼感受，直到這篇文章出現在網路上。」

「感受」——燕姿提到了一個關鍵字。

我們要由什麼技術，準確預測本人的「感受」？

AI能複製藝術的進行式嗎？

一場動人的藝術表演，需要多少環節「組裝」而成？

二〇一五年，日本歌姬中島美嘉重新站上了舞台，在復出演唱會的最後一首歌，獻唱了〈曾經我也想一了百了〉。

憑藉著清亮嗓音、冷豔外表，中島美嘉出道沒多久就坐穩了一線歌姬的寶座。她又出演了電影《NANA》，活靈活現的演出漫畫原作裡那個冷豔酷帥的女主角大崎娜娜。

影歌雙棲，正值事業巔峰的美嘉，卻罹患了「耳咽管開放症」，這種病症就像是乘坐飛機的時常有的耳膜鼓脹疼痛、聽不清楚，但一般人飛機起降後症狀往往緩解，此病症卻是二十四小時不停歇的折磨著她。

她聽不清音樂，只能憑著聲帶振動聲嘶力竭的吼唱，可想而知的是，沒多久嗓音也啞了。離開舞台的美嘉遠赴美國就醫，卻被診斷無法根治。她每天強行要求自己練習發聲，練完走到練音室外的公園大哭，哭完再繼續練。

一年後，中島美嘉復出，帶病演唱了這首〈曾經我也想一了百了〉。

「剛開始看到這首歌我很驚訝，聽完後卻淚流不止。」

身著酒紅色洋裝的美嘉，跟觀眾說道：

「在座的各位，一定也有過低潮苦悶的時候：『為什麼世事總是不如意？』、『誰能來幫幫我？』我將唱出大家的心聲，請大家一定要聽到最後。」

曾經我也想一了百了，在人生的最低潮處：

薄荷糖的氣味，漁港的燈塔，生鏽的腳踏車，海鷗的鳴叫、生日時杏花滿開……

寂寞低潮的世界裡，眾人眼中微不足道的瑣事，卻都是失意人不可承受之重。

美嘉在舞台上踉踉蹌蹌地踱步，舞台上的她，依舊聽不清音樂。她必須靠踏步、甩頭，甚至跪下觸摸音箱的震動，來判斷節拍和音樂。這讓她的肢體動作有些奇特，她的聲音也不如先前清亮。

這不是美嘉最完美的表演，卻是她最感人的一場表演。她的歌聲中有憤怒、有無助，有怒吼，有喃喃低語般的消沉。她在近乎失聰的狀況下用身體記住每一個拍點，用傷痕累累的歌手生命唱出活著的堅持。

而在最後一段，也有著突破陰霾的清亮與喜悅：

「因為這世界誕生了像你這樣的人，讓我有了活下去的期待。」

唱到最後一句，美嘉笑得明媚開朗，那是勇者歸來的笑容。重回舞台，這段路她磕磕絆絆，走的好辛苦，卻又如此榮耀。

這首歌的創作者秋田ひろむ，又是懷著什麼樣的心意，寫下這首歌呢？

秋田ひろむ說：

「為了描寫濃烈的希望，就必須先描寫深層的黑暗，人生亦是如此。希望聽到最後的你，能積極地活著。」

每一次消沉時聽美嘉這場表演，我總是淚流不止。

從美嘉的生命歷程、創作者秋田的心意，到表演時她每一個踱步、甩頭的肢體動作，些許的搶拍和不完美音準，以及最後的燦爛笑容。

還有，影片下方的無數留言，好多病友、聽眾，寫下他們最痛苦的故事，以及從這首歌中獲得的力量。他們相互打氣、相互鼓勵，在低潮時躲在房裡無數次播放這首歌，放聲大哭後再次開門，繼續和世界共存。

以及，此刻，在這教室裡，剛欣賞完這場表演，默默擦淚的學生，一片沉默，卻又澄淨的教室氛圍。

這樣層層相連的感動，是AI可以複製的嗎？是能用一連串指令，用0和1建構出來的嗎？

不朽之盛事

也許你會說，歌手故事也可以是一種包裝或人設，依然可以是「設定」。

但，觀眾、讀者的感受呢？

著名文學批評家羅蘭・巴特提出「作者已死」的論點，他認為，作品的意義是什麼，完全是由讀者的印象決定的，這與作家的生平、背景無關。也就是說，每一部作品都在被觀賞的此刻「被重寫」，讀者會融入自己的生命經驗、當下情感，為作品做屬於自己的詮釋。

換句話說，讀者觀賞時的思緒情感，就是一種「再創作」。所以，就算歌手故事是場騙局，讀者的感動卻是貨真價實的。而更真摯的作品，或是融進了創作者生命意志的創作，對讀者的感染力會更強大。甚至跨越時空，凝聚眾人意識，成為國家文化的一種軟實力代表。

文章乃經國之大業，不朽之盛事。

——曹丕《典論・論文》

〈論文〉中提到，「年壽有時而盡，榮樂止乎其身」，壽命富貴都是有期限的，而這個世代更加快速。安迪・沃荷（Andy Warhol）說過，每個人都有十五分鐘的成名機會，換言之，十五分鐘後也可能就被新人淘汰。

但在網路時代，只要肯花時間創立帳號，經營社群，無論是採繪畫、寫文、影片何種形式，成一家之言變得容易許多。

不假良史之辭，不託飛馳之勢，而聲名自傳於後。

——曹丕《典論・論文》

每個人都能擁有發語權，都能擁有被關注的一瞬間，這是一個創作更容易被看見的時代——而AI出現後，連創作都變得更加簡單即時。

但當大浪前後接連襲來，千萬作品轉瞬即逝的狀況下，成就「經典」到底需要哪些元素？

關於這個答案，我還在觀望。

也可能，答案早就歷時千年的，始終存在。

普魯斯特在《追憶似水年華》裡，有這麼一段話：

「我們記憶最精華的部分保存在我們的外在世界，在雨日潮濕的空氣裡、在幽閉空間的氣味裡、在剛生起火的壁爐的芬芳裡。

也就是說，在每一個地方，只要我們的理智視為無用而加以屏棄的事物，又重新被發現的話。

那是過去歲月最後的保留地，是它的精粹，在我們的眼淚流乾以後，又讓我們重新潸然淚下。」

記憶來自何處？

可能是一腳踩進水坑，濕漉漉的冰黏觸感。

可能是雨過天晴後，土地濕潤的腥味。

來自我們視為無關緊要，被利益和計算加以屏棄的感性瑣事中，但這些種種構築了「我」，形成「我」獨特的性情稟賦。

那些非理性的存在，構築了我們的笑與淚。

而這，能被取代嗎？

對此，我也還在思考。

面對一波波襲來的時代浪潮，也許就像燕姿說的：

「在這無邊無際的汪洋大海中存在，凡事皆有可能，凡事皆無所謂，
我認為，思想純淨，做自己，已然足夠。」

請你替我們看一看那理想的未來

方苞〈左忠毅公逸事〉與電影《返校》

羊咩任職於私校，對服裝儀容的要求向來嚴格，每天校門口都有負責登記遲到、服儀違規的糾察隊員。班上一位志願「入伍」的女孩，在糾察隊待了一個月後，提出一些質疑：

「有幾道違規條例，我覺得定義的很模糊。」

她和同學一起討論，整理出幾項有爭議的項目，最後由三位領頭同學，出面跟校方討論。

「我們不是想要推翻所有服儀規定，那是不可能的。」三人眾很清楚自己的訴求：「我們只是想要請校方說明某幾項條例而已，看看能不能有所調整。」

第一輪的投書，只換得校方摸頭安撫，之後毫無動靜。

學生們討論了幾天，決定採用公民課學到的「聯署」，在網路、校門口發放聯署書。

這下學校生氣了，被臭罵一頓自然難免，尤其帶頭同學本身就是糾察隊的隊員，更被質疑：「處罰也不會罰到你，幫違規的人爭取什麼權利？你到底在雞婆些什麼？」

校方的不認同，本就在意料之中；但讓三個孩子最難過的，是來自同學的不認同。

「我又不違規，不甘我的事。」有的人聳聳肩：「我對這事沒想法。」

「幹嘛聯署讓自己列名？」有同學發表議論：「我就等他們去衝撞，坐等學校解禁就好了啊！」

這些「意見」傳入三人眾耳裡，三人眾很消沉。

「我也不是為自己爭取的，我自己服儀從不違規，罰也不會罰到我。」一個孩子流下眼淚：「只是，本來就不合理的事，為什麼說出來的人反而是錯的？」

「從事社會運動的人，也是這樣被罵的嗎？」另一個孩子有感而發。

我沉默了一會：「扛起公眾事務，爭取公平正義，確實是很吃力不討好的事。」

正好，那一週國文課的進度，也是一群撞得頭破血流的人，他們的故事。

晚明時，有一群人也在堅持，但他們的爭取，換得的還不只是幾句訓話——那是更嚴重的結果，是自毀前程，慘死獄中。

他們的名字是：楊漣、左光斗、魏大中、袁化中、顧大章、周朝瑞。

這群人、這個團體，在歷史上，被稱為——東林六君子。

萬曆三十二年（一六〇四年）以顧憲成與高攀龍為首的學者，在江南「東林書院」講學，針砭時政，逐漸成為江南知識分子的輿論中心，被稱為東林黨。

東林黨重視「天下之公」更甚於帝王一家之私，提出不少利於國家的改革建議。這群讀書人滿腔熱忱，慷慨堅毅，楊漣、左光斗等人更在新帝繼位時穩住朝政，撲滅妃嬪李選侍與宦官聯手，意圖挾持皇長子，把持朝政的野心。

但人無完人，東林黨重視氣節，卻也不免書生意氣，氣量狹淺；主政時期，排除異己，導致朝廷隱隱出現「東林黨」vs「非東林黨」的黨爭態勢。

被東林黨擠在外圈的齊、楚、浙黨等失意的士大夫，對這群自視甚高的傢伙氣的牙癢。「打不過，就加入」，他們鬥不過東林黨，只好加入朝廷另一股勢力——以宦官魏忠賢為首的「閹黨」。

魏忠賢，如果看過電影《龍門客棧》、《繡春刀》、《白髮魔女傳》等武俠作品，應該都會對這位「東廠最強太監」的大反派頗有印象。正史中的魏忠賢，雖無電影裡的曠世武學，但其陰險毒辣的手段更甚。他與熹宗的乳母客氏結成「對食」（也就是宮女與太監的相互慰藉），一個是小皇帝最依賴的乳母，一個是小皇帝每天最親近的太監，十四歲即位的少年皇帝熹宗對朝政毫無興趣，把朝政交給最信任的乳母和太監，自己成日沉迷在木工手工藝的世界。

魏忠賢權勢顯赫，隻手遮天，攪得朝廷烏煙瘴氣。天啟四年（一六二四年），東林黨的楊漣上疏彈劾，指責魏忠賢二十四大罪。同時間他還把自己的上疏對外公布（一種公布媒體的概念），一時間，朝野為之震動。

彈劾魏忠賢，楊漣早就跟妻兒交代遺囑，買好了棺材，做好必死的準備。賭上性命的彈劾，但悲哀的是，明熹宗沉浸在木工世界，直接將此案交給魏忠賢處理。於是楊漣、左光斗等東林六君子皆被捕入獄，承辦官員許顯純明白魏公公的恨意有多深，對這群人往「求生不能，求死更不能」的極致虐待上整。

首先是東林黨頭號戰將楊漣，許顯純先用銅錘砸碎他的肋骨；每晚又用一隻裝滿土的布袋，壓在楊漣身上。（土袋壓身是獄中常用刑罰，犯人難以喘氣，在反覆壓殺的漫長折磨中，最後窒息而死。）

許顯純使出各種私刑拷打，但楊漣這麼個文弱書生，依舊慷慨陳詞，沒有一句求饒。被這個即使全身皮開肉綻、依然硬骨的書生嚇到，許最後下令用鐵釘，打進楊漣的耳朵裡。

鐵釘入耳，驚人的是，楊漣並沒有立即死亡。他用最後一口氣，寫下獄中血書：

「大笑，大笑，還大笑！刀斫東風，於我何有哉？漣即身無完骨，屍供蛆蟻，原所甘心。但願國家強固，聖德剛明，海內長享太平之福。此痴愚念頭，至死不改。」

——楊漣〈獄中絕命辭〉

楊漣死後，在民情輿論激憤下，閹黨才將他那殘破腐爛，「皮肉碎裂成絲」的遺體，讓家屬領回。

第一位烈士，悲壯犧牲。

第二位烈士左光斗，也只一息尚存。他被施以炮烙之刑，面部燒爛不可辨認，左膝以下筋肉皆燒爛，骨肉脫離。

但如此重傷，他依舊「席地倚牆而坐」，沒有躺臥倒下，用最後一口氣維持著坐姿。

恍惚中，他聽到哭聲，有人跪在他面前嗚咽哭泣。

「老師……」

那個聲音太熟悉，他猛然清醒，想睜眼確認，但燒爛的面部肌肉已無法自主睜眼。他用力甩起手，以指撥開燒黏在一起的眼皮，憤怒地瞪著眼前的年輕人：

「你來做什麼！」

和這年輕人相識於雪夜，那一夜，他還記的很清楚。

那一年正值科舉，各地人才齊聚京城，他是科考負責人之一。風雪嚴寒，他仍帶著幾名隨眾便衣出巡，視察考生狀態。

很多清貧考生只能暫住寺廟，所以他來到寺廟看看。廂房中，一個書生趴在桌上睡著了，桌上有篇剛寫完的草稿。他讀完那篇文章，立即脫下身上的貂皮大衣，披在那個熟睡的年輕人身上。

寺僧說，這個年輕人叫史可法。

他將這個名字記在心裡，考試當天，小吏唱名到這個名字，他眼睛一亮，看著這個精神抖擻的年輕人。

就是他，就是這個孩子。

毫無遲疑的，當史可法交卷，左光斗立刻批上「第一」的高分。（及試，吏呼名，至史公，公瞿然注視。呈卷，即面署第一。）

史可法考上後，正式成為左光斗的學生。對這個清貧的優秀學生，左光斗不但提供住宿，師生終日討論學問、國家大事，左光斗甚至跟妻子說：「我幾個兒子都很平庸，未來能繼承我的志業的，只有這個學生。」（吾諸兒碌碌，他日繼吾志事，惟此生耳。）

那樣的期待，讓左光斗即使身陷囹圄，命垂一線，他也未曾絕望。

在這座死牢外，還有人——還有能繼承他們信念的人。那些有著同樣理想，相同信念的年輕人，只要他們還在，老朽身骨就算犧牲，大業仍不會斷絕。

但現在，這個孩子居然冒著九死一生的危險，打扮成清掃人員，潛入監獄探望他。

怎麼可以！

他怒不可遏，怒斥道：「國家之事，糜爛至此。老夫已矣，汝復輕身而昧大義，天下事誰可支拄者！」

國家局勢已經敗壞到如此地步，我已經沒救了，你還罔顧自己性命，不明白國家存亡才是大事，冒險前來，天下事還能靠誰來支撐？

天下事誰可支拄！

這一句，寫盡了課文中未細寫之處——為何如此看重史可法？

那個雪夜，在史可法的文章中，左光斗應該是看到了才華，以及與他相同的信念，讓他深信，他為國家找到了未來的棟樑人才；而這個有著相同信念的學生，更讓他深信：能接棒完成他們志業的，只有這個孩子。

可這孩子，居然昧於私人情感，讓自己置身於危險之境。

「你再不趕快走，不用等奸賊陷害，我現在就殺了你！」（不速去，無俟姦人構陷，吾今即撲殺汝！）

重傷瀕危的老師，撐著最後一口氣，摸起地上刑具作勢投擲。懾於恩師之怒，史可法不敢再說，只能快步離開了監獄。之後沒多久，老師就死在獄中。

老師最後留給他的話語，是威脅，是怒罵，也是最深情的恫嚇。

活下去，我們沒做完的事，要交給你去做，你得活下去，代我們去看未來的世界。

✿

改編自國產同名遊戲的電影《返校》，講述戒嚴時代白色恐怖之下，一群師生因組讀書會、閱讀禁書而被捕。那個時代，他們偷偷讀著魯迅的文章、泰格爾的詩集，在書本中，他們偷偷閱讀著自由、抄寫著自由，入獄獲罪的原因，卻是因為對知識自由的追求。

在獄中被嚴刑拷問，老師鼓勵著學生不可喪失求生意志：

「總得有人活下去，記得這一切有多得來不易。」

最終，老師被處死刑。電視劇版的《返校》多加了一個段落：

臨刑前，天空烏雲密布，風雨欲來。老師平靜的望著天空，淡淡說道：

「願自由如雨，遍灑這座島嶼。」

很多年後，白髮蒼蒼的學生魏仲庭又回到了學校，坐在教室裡。他還記得那些傷心的故事，也還記得，當時關起門和老師偷偷讀著的詩：

樹葉有愛時，便化成花朵。
花朵敬拜，結出果實。
埋在地下的樹根使樹枝產生果實，卻並不要求什麼報酬。

——泰戈爾《漂鳥集》

朗誦著這首詩的老師，在獄中鼓勵他要活下去的老師，都已成了很遙遠的記憶。時代已經變了，泰戈爾的詩、魯迅的文集，都能光明正大的陳列在書店。已經不是因為讀書就會喪失生命的時代了，但他還記著，記著那些曾經發生的事，記得要代替離開的人，看這座島嶼的未來，有多來之不易。

很多年後，當晚明內亂頻起，流寇四竄，只要警報一起，奉命守禦的史可法便是好幾個月不入營帳睡覺。他讓將士們輪休，寒夜裡自己卻坐在帳幕外邊，挑選十名健壯的士兵，兩人一組輪班蹲坐著，自己則背靠著這兩人席地而坐。

在寒冷的夜晚，每次起身換班，戰袍一抖動，盔甲上結凍的冰霜紛紛墜落，發出鏗然聲響。

想起那年雪夜仍外出巡視的老師，想起獄中用最後一口氣叫他活下去的老師。每當有人勸史可法入帳休息時，他只說：

「吾上恐負朝廷，下恐愧吾師也。」

我不想忘記，忘記那些年，你們做過的事情。

我想著，每個時代，都有這樣的一群人。

他們不見得有血緣關係，卻有著比血緣更堅固的羈絆。他們可能是師生，可能是前輩、後輩，又或者，可能他們本來各自陌生，卻因為相同的信念，成了比親人還牢不可破的關係。

他們走在前方，用意志、用訴求、用革命，用自己的鮮血或汗水，一厘一吋的為這個滿是泥濘的世界，搭橋鋪路。

他們追求的，可能是公平正義，可能是弱勢福祉，可能是自由，可能是——與他們自身其實毫無關聯，就只是單純的「看不下去」，就這麼挺身而出，堅持到底。

每個世代，都有這群九死而無憾恨的傻瓜，舉牌吶喊，走在最前方。

歌手張懸有一首歌〈玫瑰色的你〉，就是寫給社運人士，寫給這些傻瓜們。

這一刻
你是一個最天真的人
你手裡沒有魔笛
只有一支破舊的大旗
你像丑兒揮舞它
你不怕髒地玩遊戲
你看起來累壞了
但你沒有停

無論是明朝的東林黨人，或是每個世代還在堅持著，甚至以自身汗水血肉鋪路的社運人士，他們都是最天真的理想主義者。

他們沒有一呼百諾的魔笛，沒辦法像童話裡的吹笛人，笛聲一動，就能催眠式的引得眾人盲目跟隨。

他們只能站在街頭，向每一個行路匆匆的陌生人發放問卷傳單，闡述理念，揮舞著破舊的大旗，被路人視作小丑般可笑。

他們很累，為公眾事務挺身而出一直是最難的事，感謝的人沒有多少，嘲笑批評的不勝枚舉。

但他們沒有停。

⁂

課程講到此，教室裡很是安靜，服儀聯署的三人眾低下了頭，我看到其中一個孩子默默擦拭著眼角。

這只是一次很小的訴求，僅在校內，小聲地、還不成熟的吶喊著。

在多次溝通後，校方最終也釋出善意，作出部分調整。

然後，這場小小的漣漪，逐漸恢復平靜。

直到一年後，教育部一紙命令，要求服儀全面解禁。

時代終會改變的，但在改革水到渠成之前，又有多少人能記得，有一群先行疏通水脈，奮力挖掘水道的人呢？

但我還是想記著，記著課本裡那篇文章，寫著在那瀰漫著死亡的監獄，一位老師，在政治迫害下遍體鱗傷，用著他生命最後的力氣，恫嚇著學生，叫他活下去。

想記著，幾個懷著傻氣的孩子，是怎麼鼓起勇氣敲開辦公室的門，跟師長提出自己的想法。

想記著，每個時代，總有一些火炬手，以信念為炬，照亮著黑暗，又將火炬傳承給下一批繼承者。

課堂最後，我播放了〈玫瑰色的你〉，歌手用溫柔的嗓音，輕輕唱著：

你栽出千萬花的一生
四季中逕自盛放也凋零
你走出千萬人群獨行
往柳暗花明　山窮水盡去
玫瑰色的你
玫瑰色的你
讓我日夜地唱吧
我深愛著你

穿越晴雨的遠見

范仲淹〈岳陽樓記〉與日劇《仁醫》

「如果有一天，就這麼一個人被丟進漫無邊際的黑夜之中，你能夠在那邊找到光明嗎？你能夠抓住那光明嗎？又或者，你能用自己的雙手，將光明送進那片黑暗之中嗎？」

這段話，是日劇《仁醫》的開頭旁白。

二十一世紀的醫生南方仁，無意間穿越時空，掉到一百五十年前的江戶幕末時代。

對這荒謬的命運，南方醫師迷惘又恐懼：

「我現在正在江戶時代，是一個動手術會被誤認為殺人兇手的時代，而且只能在沒有足夠工具和藥物的窘境下動手術。」

南方醫師，是一個穿越者，更是一個「錯置者」。

他被放逐到另一種窮山惡水之地，才華難以施展，情緒更是鬱結難紓。

即使想救人，也難以向知識水準不在同一層面上的時代講解，傳達自己的信念。

這麼看來，《仁醫》看似是穿越的科幻色彩，但未嘗不是另一種的「貶謫」作品？

關於〈岳陽樓記〉的背景，范仲淹只寫了一句：

慶曆四年春，滕子京謫守巴陵郡。

滕子京很有能力，到岳州才一年就做得有聲有色：「政通人和，百廢俱興」，但當他重修岳陽樓，登樓剪綵，大家客套恭喜時，老滕還是忍不住大發牢騷：「修個樓有啥好開心的，不過就是多個大哭的地方罷了！」（落甚成！只待憑欄大慟數場！）

在這鬼地方，有什麼好開心的？

對滕子京來說，被貶到岳州這地方，他實在有夠悶，有夠委屈。

一〇四〇年，滕子京任職甘肅涇州知州，當西夏軍隊大舉進攻時，涇州首當其衝。滕子京率領部下浴血奮戰，召集數千農民堅守城池。戰後，滕子京花了十六萬貫「公使錢」，犒勞邊關將士，撫恤遺屬，祭奠英烈。嚴格來說，宋代的公使錢頗似如今「特支費」，讓官員有一筆交際應酬餽贈的費用，滕子京的做法，並無太大毛病。

但政治就是這樣，當敵人想弄你時，雞蛋都能挑出骨頭來。

時隔三年（一〇四三年），仁宗以范仲淹為相。范仲淹、富弼等人綜合多年來的經驗，於九月將〈答手詔條陳十事〉奏摺呈給宋仁宗，作為改革的基本方案。皇帝贊同並頒發全國，以「澄清吏治」、「富國強兵」、「厲行法治」為主的慶曆變法，轟轟烈烈展開。

范仲淹以雷霆手段罷黜一票冗員，引發守舊官員的攻擊。滕子京與范交情甚好，首先成為抨擊目標。守舊派們將火力集中在滕子京身上，之前公使錢的使用被冠上一個「濫用公款」的罪名。最終，仁宗為了平息守舊派的氣焰，將滕子京貶到岳州。

隔一年後，慶曆變法宣告失敗，范仲淹等人也被貶官。

滕子京的委屈，也許別人不懂，但同為變法戰友的范仲淹，怎麼不懂？

剛好，滕子京來了一封信、一幅岳陽樓的風景畫，拜託老友幫忙寫一篇文章，替岳陽樓增光。

范仲淹沉吟了一會，寫下這篇〈岳陽樓記〉，表面上寫樓，其實，是趁機寫給那個牢騷滿腹的小老弟。

《仁醫》的前幾集，南方醫師經常在哭。

為何是我碰到穿越這種鳥事？擔憂著自己的行為會不會擾亂時空？

為什麼是我？

這樣的心態，就像一個「錯置者」——我被放錯地方了，在這個不如預期的錯置時空，處處傾軋、處處碰壁。

同樣的，對滕子京來說，岳州這個鬼地方，就是一種「錯置」。范仲淹提到岳州有個特殊地理環境：「北通巫峽，南極瀟湘」、「遷客騷人，多會於此」，對貶官流放、或是漂泊流浪的失意人們，岳州是個必經交通樞紐。

想來，這些遷客騷人每每旅經於此，岳州恐怕怨氣沖天——多少年來，失意人們在此，晴天則喜，雨天則悲，登樓賦詩，寫來寫去總不脫離愁鬱悶。來去的是人，不變的是相似的情感煩憂，范仲淹忍不住思考，有沒有人能跳脫個人傷感，有些不一樣的感懷？

未來，是更好的未來嗎？

同樣的，南方醫師繼續在江戶行他醫者本心，卻又難掩悲傷怨懟，發著牢騷但還是努力在「異地」生存；這樣「遷客騷人」的反覆煩惱，直到遇到緒方洪庵後，迷惘的南方醫師才慢慢找到方向。

緒方洪庵是最早願意信任他的人，在南方醫師成功治療霍亂後，作為日本近代醫學的引導人，緒方更是不計地位、年齡，全力支持著南方醫師的醫療研究，為經費籌措奔波，以致肺癆病情惡化。

當南方醫師登門探望時，緒方其實已經病入膏肓了。

南方醫師請求為緒方診治，但緒方不問一己病情，只溫和沉穩地說：

「大夫，你認為醫術之路最後應該走向哪裡？我認為醫術將步入一條平坦的道路。世間將人分為武士平民等階級，但是其實大家都是平等的，我認為醫術應該朝著這個方向發展。

未來是這樣的嗎？」

緒方敏銳的察覺南方仁不屬於這個時代，被同理了隱藏許久的情緒，南方淚流滿面。

面對在這個時代，一直如師長般守護著他的緒方，南方忍不住問了：

「請問，我該如何面對這一切呢？」

我到底該如何面對這些事呢？這些根本非我所願，卻又改變不了的事。

面對南方的疑問，緒方溫和而堅定地說：

「去創造一個更好的未來吧！創造一個大家幸福平安的未來，為了國家，為了大義。」

請你的視線不要只停留在自己身上，抬起頭，看看四周的人們，或是更遠的方向吧！

緒方說，為了國家，為了大義。

洪庵的火炬

緒方洪庵（一八一〇—一八六三），日本近代醫師兼西學者、翻譯家、教育家，更被尊稱為「日本近代醫學之父」。

他同時也是日本種牛痘預防天花的第一人。在當時，西學（西方醫學）初登東瀛，尚未被廣泛接受。為人種牛痘的緒方，還曾被人砸石頭攻擊。

他更在大阪建立私塾「適塾」，是現在大阪大學醫學部的前身。這也是當時第一所不分階級，只要誠心求學，就會為學子敞開大門的私塾。

洪庵在此教書的二十四年內，日本各地不遠千里而來求教的莘莘學子，日後多為明治初期的重要人物，包含建立日本陸軍的大村益次郎、創立慶應大學的思想家福澤諭吉。

著名歷史小說家司馬遼太郎，曾寫過一篇〈洪庵的火炬〉，文中提到，洪庵如同在黑暗中的火炬手，他不但引領在前，更將火炬傳授給學生後人，從當年那個小小的適塾，小小的火炬，最後照亮了整個日本近代史。

司馬遼太郎在文末獻給洪庵一句考語：

「世界上最美的事情，是為了社稷與人們鞠躬盡瘁。」

不以物喜、不以己悲的仁人之心

以史料為原型，戲劇《仁醫》中的緒方醫師，由老牌演員武田鐵矢出演，精湛詮釋了緒方慈祥堅毅的眼神。

這段對手戲的最後，緒方問了南方醫師最後一個問題：

「請問我這個病（肺癆），在未來是能治好的嗎？」

南方醫師泣不成聲，只能點點頭。

是的，在二十一世紀肺癆已不是絕症，但身處江戶時代，他卻只能看著恩師重病卻束手無策。

但緒方沒有遺憾，聽到未來是個肺癆也能治好的世代，緒方由衷地笑了。

哲人將逝之際，他不憂個人身後聲名榮辱，無懼生死——

他對未來唯一的打探，依舊只有醫學之路。

那個衷心的微笑，是整部《仁醫》中，我最難忘的一幕。

得知未來是個更好的時代，有終生之憂的仁者，終於笑了。

得知好友滕子京在重建岳陽樓後的怨嘆，范仲淹在〈岳陽樓記〉的最後一段，提出了一種可能性：

在沉溺個人榮辱悲喜的際遇之外，我們是否可以跳脫「我執」，用更大的格局看向遠方？

看向台灣之沉痾、看向世界之苦痛；尋找自己能為這社會所盡的使命，盡其在我，而不再只沉溺於舔舐自己的傷處，躲在角落哀哀自憐？

范仲淹提出的「古仁人之心」，是一種看向未來的堅毅眼神。

我猜想，就如戲劇中的緒方醫師，微笑的望著遠方——那個肺癆不再是絕症的未來，在那刻，他渾然忘卻自身病痛。

「微斯人，吾誰與歸？」（若無這樣的人，我又能向誰學習？）南方醫師不再哭泣怨嘆，因為他明白有了緒方的理解和典範前行，在走向未來的醫學之道上，他並不孤獨。

范仲淹也如此提醒著同處貶謫的好友，不要只是低頭舔舐著自己的傷，而是巡視四周，看看他人與遠方。

先生之風，山高水長

如此勸慰滕子京的范仲淹，又是怎麼樣的人呢？

范仲淹，諡號「文正」。為何先從他的諡號介紹？因為古人對諡號追封非常重視，也有一套嚴謹的審定過程。

而「文正」是「謐之極美，無以復加。」被視為人臣謐號的最高等級，各朝能得此謐號的名單，扳手指就數的出——唐朝四人、宋朝九人、元朝六人、明朝五人、清朝八人，看這得獎名單就知有多不易——就連我們熟知的歐陽脩、蘇東坡，也只得到次一等的「文忠」謐號。

正者，內外賓服也。天下人都說你好，國內國外的人都敬佩你——放眼宋朝，也只有被稱為「天下一流人物」的范仲淹堪當此字。

立志而定向

「天下一流人物」范仲淹，青年時期卻甚是貧乏。兩歲時父親過世，母親改嫁朱家，將他帶了過去，改名「朱說」。朱家子弟奢持浪費，范仲淹多次勸說，被譏「我用我朱家的錢，與你何干？」范仲淹才知道自己身世，含淚拜別母親，離開朱家，寄居在寺廟中苦讀。

十六歲時，他曾立志：「不為良相，就為良醫。」良相與良醫，核心都是博施濟眾，也是范仲淹的初衷。

也許就因志向明確，范仲淹很能自律，掌握重點，杜絕誘惑。年輕讀書時，有次仁宗皇帝外出巡視，眾人都衝出去觀看皇帝御駕，只有范仲淹無動於衷，繼續讀書。同學問他為何不看？他說，科舉考上後將來晉見也不遲。

朋友看他每日只吃稀飯太苦了，準備了一些美食招待他。他婉拒，怕享一時口腹之愉，就沒辦法再回頭吃薄粥了。

這個年輕人，從來不只看當下，他看的是遠方，是終點。

要做，就要利益最大化

為官多年後，范仲淹在蘇州買了塊地，懂風水的朋友說，此乃福蔭子孫的風水寶地，後世必出將入相，人才輩出。

范仲淹一聽，立刻決定將寶地「利益最大化」，上報朝廷，將地捐出來建學堂。朝廷以此地興辦蘇州府學，首開東南興學之風，薪盡火傳，至今仍是蘇州中學，讀書聲琅琅不絕。

「一家獨貴，孰若吳中之士，咸教育於此，貴將無已焉？」

一家盛，何若一地盛？

慶曆變法，范仲淹整頓朝廷人事，罷黜諸多冗員。富弼同情那些失業的官吏，向范仲淹說：「范公只是一筆畫掉他們的名字，怎麼知道他們一家老小都在哭泣？」

范仲淹回應：「一家哭泣，總比一整路的老百姓哭泣好。」一家哭，何若一路哭？

放眼大局，不拘於個人利益，也不因心軟而優柔寡斷。他看的，始終是更長遠的、更廣大的「眾利」。

助人不是一時，而是長遠之計

范仲淹擔任杭州知府時，江淮一代因蝗災陷入饑荒。范仲淹不開倉賑災，反而大肆舉辦龍舟競渡，集合各佛寺住持，替他們精打細算：「欸欸，現在飢荒，人力發包超低價，你們要不要趁機修建佛寺？」於是各寺廟趕著大興土木。

政敵立刻彈劾老范。老范慢悠悠地表示：「這叫以工代賑啦！你知道這樣可以創造多少就業機會嗎？」

文正乃自條敘所以宴遊及興造，皆欲以發有餘之財，以惠貧者。貿易飲食、工技服力之人，仰食於公私者，日無慮數萬人。荒政之施，莫此為大。

——沈括《夢溪筆談‧官政》

那一年，兩浙只有杭州平安度過飢荒，還能復甦經濟。之後范仲淹的做法成為政府欽定救災SOP，要求全國官員學習。

※

年少發跡前，范仲淹未曾受過范家宗族的照顧，也許就是那段清寒無助的經驗，讓他發願，等到有能力的那天，他不要讓族人再嚐孤立無援的滋味。

這個願望一等就是二十年，六十歲之後，范終於有能力買下城外千畝田地，名之「義田」，莊稼收成作為范氏宗族清寒補助資金，逢年過節、養生喪死、嫁娶、就學、失業皆有補助。並由各房推舉出眾望所歸者，擔任義田的負責人。

這套義田慈善制度，在後代不斷補修的狀況下，從宋朝延續至清，長達八百年，維持著范家後代綿延不絕。即使戰火頻仍，范家族人不至於流離失所，凋零絕嗣，皆有賴於老范當年的義田制度。

助人，但絕不是餵他魚吃。對外救濟百姓，對內資助族人，范仲淹助人也是為長遠計，使之系統化，可以生生不息。

范仲淹生前評價不一，王安石曾批評其「好名」：「**好廣名譽，結游士以為黨助，甚壞風俗。**」（但王安石本身是個超不在乎別人眼光的人，又是另一個極端。）但「好名」也得名符其實，否則遲早會露出馬腳。放眼古今，多少政治人物最初有清廉能幹之名，任期未滿就爆出弊案？

而范仲淹，生前評價褒貶不一，蓋棺論定後，卻是朝野崇敬，四方百姓哭弔。甚至因為他一人，形塑宋朝士大夫自我砥礪、重視氣節的風氣。北宋名臣輩出，正因有此高山仰止的榜樣，蘇軾等人，都以他自勉。

雲山蒼蒼，江水泱泱，先生之風，山高水長。

最後

心理學家阿德勒曾提出，人之所以感到痛苦，很多時候源自於「自我意識過剩」。

很多的煩惱，都是圍繞著「我」為中心。聚焦在生活中的種種不順，讓我們成了「遷客騷人」，滿腹牢騷，負能量爆棚。

快樂的來源很多，但我始終相信，最深層的快樂，還是「被需要」的自我實現感。

看到家人大口吃著你精心烹調的晚餐；

看到社員因你主辦的活動露出笑容；

看著學生上課時專注投入的眼神；

看著客人對服務滿意的回饋……

范仲淹在文章最後提到的：

「不以物喜，不以己悲」，不要過度聚焦自己，耽溺放大自己的得失感受；

「先天下之憂而憂」，放眼他人、放眼社會，將視線從自身轉移到他人，「看見」他人的苦痛；

「後天下之樂而樂」，因為他人的笑容，自己也露出心滿意足的笑。

這正與阿德勒對終極幸福的主張，不謀而合。

我們並不是一味的倡導捨棄自我去為他人鞠躬盡瘁，宗教家式的大愛令人敬佩，但畢竟不是人人都能做到。

但就算從私我出發吧，就算是為了感受「我」的價值才做的，認真的完成每一刻能讓你感覺到歸屬感的任務，

也許最後，我們也能親手將屬於自己的光亮，點亮於黑暗之中。

比失敗更可怕的失敗者思維

魯迅〈孔乙己〉與電影《寄生上流》（上）

金氏一家四口住在首爾公寓的半地下室中，只靠打零工維生。某日，長子基宇意外得到一份待遇豐厚的家教工作，得以進出富有的朴家。為了改善家境，他和妹妹偽造學歷，假稱留學歸國，先後取得朴家女主人的信任，成功應聘為家教。兄妹倆又聯手實行一連串詭計，逼退了朴家原有的司機和管家，讓父母取代其工作，一家四口進入朴家，佔住朴家穩定的高薪肥缺，成功「寄生上流」。

這部電影《寄生上流》，是二〇一九年韓國奉俊昊導演的名作。我跟全班一起欣賞時，剛開始主角一家人用各種詐騙手法，逐一混進上流人家，節奏輕鬆愉悅，全班都笑的很開心，但逐漸的，班上笑容越來越凝滯。到最關鍵的雨夜那場戲，以及結局的衝突，全班倒抽一口氣，陷入一片沉重氣氛。

看完電影後，我請同學說說感覺：「感覺很不舒服的舉手。」班上多數孩子舉起了手。

「我覺得很毛，其實從他們用各種手段寄生進有錢人家裡，我就覺得很毛。」一個女孩說道。

「很不舒服，看到最後覺得背脊有點涼涼的。」另個孩子說。

「不舒服，其實我蠻生氣的。」一個孩子義憤填膺。

是的，「讓你感覺不舒服」，可能就是奉俊昊導演的用意。

奉俊昊導演在採訪中曾說，這部電影的劇本，真正編寫只花了四個月，但構思卻已超過六年。這是他長久觀察的結果：

「沒有人想做寄生蟲，我只是想將生活在資本主義世界裡，我們所遭受的痛苦放進電影中。」

「精準的社會觀察家」，這是影評給予奉俊昊導演的稱讚。看他的電影，無論是犯罪推理、還是黑色幽默，「感覺背脊冷冷的」、「生氣」，可能是多數觀眾會有的感受。

他的作品就像一把匕首，一刀劃開膿包，讓這社會的腐敗膿液汩汩流出。

而一百多年前，也有這麼一位作家，他的作品也是如此。如匕首一般，一刀劃開當時中國的病瘡，讓種種惡質人性與冷漠世情，如膿水般流出。

《寄生上流》中，導演運用建築位置與光影，巧妙區分出上流社會與底層人民之間，遙不可及的距離。

而在這位作家筆下，他用一個小小酒店的櫃台，劃分出兩個階級社會——以及一名游離在這兩個社會縫隙間的邊緣者。

這位如匕首般的作家，名叫魯迅。

他筆下那位游離者，真實名字不詳，只知道群眾給他取了個綽號，叫做：

孔乙己。

兩個世界

孔乙己是魯迅筆下的知名人物。他是個考不上秀才的窮書生，又缺乏實際技能，高不成低不就，淪落為小酒館裡眾人揶揄嘲笑的對象。後來因為偷書而被打斷了腿。魯迅以這樣一個可笑又可悲的底層人物形象，揭露了人與人之間的冷漠無情。

優秀的作家，往往只用一個意象，就影射了整個社會狀態。魯迅將故事聚焦在「咸亨酒店」這家小酒館，區分出站在櫃台外喝酒的「短衣幫」（勞動階級），和坐在店內悠閒吃酒吃菜的「長衣幫」（讀書人階級）。

同樣的，在電影《寄生上流》中，導演也用了「山上豪宅」對比「山下半地下室」，明確區分出貧富兩個世界。

這邊我讓學生自行查找，學生也不負為師所望，分別找出「建築位置」、「採光設計」、「分鏡切線」、「語言特色」，甚至「配樂」，導演採取的對照手法。

找出越多的貧富對立，學生越是發現，貧富之間的差距，從起始點開始就不平等。

就如電影裡住在山上寬敞豪宅的富裕朴家，以及住在低窪地區半地下室裡，一淹水立刻全屋泡湯、災情嚴重的貧窮金家。

電影在雨夜那場戲中，金家從雇主豪宅落荒而逃，長達五分鐘的電影運鏡，只看到這家人不斷的「向下」，走過一道道階梯，不斷往下，漫長的運鏡，更殘忍的展現貧富之間難以企及的階級差異。

「我想，這就是公民課裡提到的階級固化。」發表的學生侃侃而談，犀利指出他們在電影中所見：「貧窮人家的妹妹基婷，雖然具有美術天賦，但家裡根本沒資源栽培她；但有錢人家的小孩，隨便畫幾幅圖，父母就急著幫他找各種藝術家教，開發他的天賦。」

就像暴雨那晚，住在高處的富有人家悠哉享受雨夜靜謐，小孩還能在院子露營；低窪人家卻成了災民，只能在水深齊肩的半地下室搶救財物。

孔乙己雖然考不上功名，但他幫人抄抄書，可能賺取的利潤還是比短衣幫（勞動階級）來的多，所以他才能每次酒館消費，多叫一碟茴香豆。

文中的小伙計十二歲就開始在咸亨酒店上工，當孔乙己想教他識字時，溫和鼓勵道：「學著，以後當掌櫃可以用。」

可小伙計只覺得：「我和掌櫃的等級還很遠呢！」根本不願搭理孔乙己。

這也是觀念上的階級固化，小伙計已經習慣了這樣的階級定位，對他來說，往上爬升到掌櫃「根本是不可能的事」。

多年前我參加攜手計畫的課輔研習時，印象最深的是一位偏鄉地區的老師嘆息：

「攜手課輔最難的地方在哪？是學生根本不願意學、他們也看不到學習對自己的好處在哪。」

至今我還記得那位老師的無奈：

「我的學生能看到的畢業出路，就是到當地老街上的連鎖鍋貼店打工，那對他們來說，就是最遠的世界。」、

正如《寄生上流》中導演運用了「窗戶」意象：有錢人家裡大片落地窗，採光極好，視野遼闊；而貧窮人家蝸居在半地下室裡，小小的、被柵欄分割的氣窗，隨時有雨水、便溺灑進的窗口，就是他們的視野。

階級固化，在這兩部作品中，殘忍而寫實的展現出來。

羊咩任教於私校，能就讀私校的孩子，家境大概都不會太差，家長也大多對孩子的教育投資很「捨得」：讀私校、去補習、學才藝、當志工、參加遊學團，寒暑假還能出國開眼界——

孩子們，當你拿出一個很精彩的學習歷程檔案時，你的努力當然不能抹滅。但你真的敢說一句：我的精采歷程，百分之百都是源自於我的努力嗎？

西班牙漫畫家 Toby Morris，創作的小漫畫〈盤子上〉（On a Plate），就畫出了這樣的階級落差：

同年齡的兩個孩子，男孩長於中產階級人家，從小有獨立的書房，藏書豐厚的書牆，各種才藝學習，父母傾力的教育資源；

女孩成長在雙薪勞動家庭，陪伴她成長的就是電視機。

男孩遇到課業問題，有家教。上大學無須擔心學貸，放假時父親已用人脈，幫他找好企業實習。

女孩的父親積勞成疾，她只能半工半讀，大學對她來說是沈重的經濟壓力。

同年齡的兩人，很可能在三十歲那年，男孩已是職場新星，在慶功宴上，隨手接過擔任服務生的女孩，盤上的一杯香檳。

這時他正高談闊論自身的努力不懈，還有致勝心得：「從來沒有人把東西擺在盤子上，端好遞給我。」

真的是如此嗎？

階級所持有的權利和保障，導致每個人在這場競賽中，開局的起跑線位置並非公平。為了能在開跑前多前進一點點，只能盡可能的維持著自身階級優勢，或是試圖晉級翻身。我們在《寄生上流》中看到金家為了脫離貧窮苦海，不擇手段地向上爬；也看到孔乙己雖科舉失利，仍不願脫下象徵讀書人的長衫，從事勞動產業。

在指出種種階級對立後，一個平時很有想法的女孩舉手發言：「我想提出一個跟課本不大一樣的看法。」

女孩緩緩道：

「課本說，孔乙己不肯脫去長衫，是他迂腐，不肯放棄他的讀書人身分的象徵——但我想問的是，孔乙己其實也努力考科舉，雖然沒辦法再往上，但他堅持自己比較優越的身分，這真的是錯的嗎？就像金氏一家人，他們拚命想擠進上流人家，這樣的企圖心，難道是錯的嗎？比起現在流行的『我就爛』、『躺平主義』，**不甘於階級，真的錯了嗎？**」

「很好的問題。」我點點頭，進一步發問：

「那麼，既然孔乙己和金氏一家人其實都很努力想要翻身，那他們有沒有哪些行為特質，讓他們最終還是以失敗收尾呢？」

比失敗更可怕的失敗者思維

在階級固化的狀況下，孔乙己堅持他的優勢地位，《寄生上流》中的金家想要向上爬升，「不甘於自己的階級，真的是錯的嗎？」

說真的，我也覺得這沒有錯。想要讓自己有更好的資源，想要維持自己的優勢地位，這本身並沒有錯。甚至可以說，擁有這樣求上的「進取心／野心」，是促成自我超越的動力。

但值得留意的是，為什麼孔乙己和金家都有「求上」的企圖心，最後卻依然還是以悲劇收尾呢？

我們常說成功需要天時地利人和，有時還需要一些運氣；但輸家的失敗原因，恐怕也並非一句「命運」如此簡單。

那麼，從文本中，孔乙己和金家有什麼「失敗者思維」，導致他們幾乎是「越努力越失敗」，不斷導向惡性循環？

學生們討論紛紛，我歸結如下：

一、缺乏計畫，只求及時行樂

孔乙己不是沒有工作機會，事實上，他寫得一手好字，有人願意雇用他抄書。如果他字能寫得更好，說不定能成為書法家；就算到不了藝術家境界，好好抄書也能有穩定收入。但孔乙己似乎沒有儲蓄，賺到些錢就是去喝酒吃茴香豆。

就像金家，影片一開始的五分鐘內，就展現了他們家的行事風格：明明窮到連網路都要偷用鄰居 WiFi，全家摺披薩盒賺到的微薄外快，卻是立刻買啤酒炸雞大吃一頓。

在他們一家都成功「寄生上流」，每個人都有了很好的薪水後，如果持續工作下去，金家兄妹可去補習考證，脫離重考和學歷的地獄。但他們卻選擇在主人外出時，肆無忌憚地在主人家裡喝酒享樂，做一夜富豪的美夢，完全無視於主人突然回家的危機。

而金爸的人生觀：「沒有計畫，就是最好的計畫。」更強化了他今朝有酒今朝醉的行為，甚至影響了全家的價值觀。

沒辦法「延遲享受」，拿到棉花糖立刻吃掉，又能有何長期計畫？

二、做事草率，缺乏品牌信用

有人僱請請孔乙己抄書，但他做沒多久就連人帶書筆紙墨地溜掉，砸掉自己的聲譽，久了別人也不再請他抄書了。

金家摺披薩盒賺取外快，但金爸只想搶快亂做一氣，最後造成四分之一的失敗率，披薩店也不想再跟他們合作。

應聘上流人家工作時，我們也能在電影中看到，這家人其實能力不錯，但經常誇大其詞（偽造學歷和證書），並且虎頭蛇尾（長子教書沒多久就開始跟僱主女兒談戀愛，母親擔任管家，沒多久就用料理包隨便應付）。

機會明明是有的，但金孔二方都不肯好好珍惜。草率做事，死不認錯，賠掉的還有他們自己的信譽跟後續合作機會。

三、合理化自己的不足

孔乙己竊書，但他卻用「讀書人的事，能算偷嗎？」這種自欺欺人的辯解，合理化自己的偷竊行為。

金家也很擅長為自己開脫罪名，電影一開始，兄妹倆假造文憑，哥哥說了句：「明年就會考上了，我只是提前拿到了證書。」

當他們被雇主指出披薩盒的良率太差，金媽沒有任何歉意，而是大吼大叫的威嚇雇主。

為了維護自尊，人往往會將自己的行為合理化，來減輕自身的焦慮。而金媽那句經典台詞：「因為有錢，所以可以善良。如果我有錢，我也可以很善良。」更是幫他們陷害前任管家和司機、欺騙雇主等種種行為，找一個開脫理由。

「合理化」寬慰了受創的自尊心和罪惡感，但對現實問題依舊毫無幫助。

四、自卑造成過高的自尊心，但又欠缺實力

孔乙己喜歡賣弄學問、講些「之乎者也」的話，因為這是他維護自尊的方式。他窮途潦倒，空有高大身材，卻不肯脫去長衫，放不下身段從事勞力工作——即使早已活得千瘡百孔，但讀書人的些許榮光，依舊是他眷戀的尊嚴。

但牢牢抓著「讀書人」微光不放的孔乙己，卻有一個很矛盾的行為：他常竊書。為什麼他偷的都是書或筆墨紙硯這一類的東西？

如果偷竊是因為窮，那應該偷些更有價值的東西。但孔乙己屢次偷竊的都是書，只偷某一類物品、甚至偷竊成性，心理學對偷竊成癮有以下討論：

偷竊症的患者很多並非因為物資匱乏而偷，偷的也常是不值幾毛錢的小物品。但偷竊當下的刺激可能使他得以發洩平日累積壓力，而生活壓力升高，他將更難控制內心的衝動，造成行竊的機會上升。雖然被逮會感到羞愧，卻抑制不了偷竊衝動。不斷的再犯、懊悔，就像是一種輪迴，讓人自暴自棄；但內心越是痛苦，犯錯的機會便會升高。

而這些對於偷竊症患者的描述，和孔乙己的竊書行為極其相似。竊書被逮，被嘲笑時脹紅著臉爭辯，下次依舊再偷……一再的惡性循環，甚至偷到「最不該惹」的丁舉人家，最終被打折了腿。

孔乙己屢屢招惹的，都是他畢生求之不得的事物，書本紙墨、科舉贏家丁舉人

——會不會只有在短暫擁有這些象徵「士人階級」的物品時，孔乙己才能抒發他連連落榜的失意？維護他空有「長衫」，卻把日子過得連「短衣」都不如的自尊？

同樣的，在《寄生上流》裡，金家自尊最高的人，其實是最窩囊的金爸。電影的最後，在那場染血的生日宴中，金家小妹受傷倒下，本來金爸是想要救援女兒的，最後卻變成提刀刺向男主人。

乍看之下，他的行為很是突兀，但其實劇情中皆有跡可循：同樣是「一家之主」，年輕的男主人事業有成，給予妻兒富裕豐足的生活；可一事無成的金爸卻只能窩窩囊囊的靠著孩子張羅，勉強混到一個司機職位。兩個父親，一個是西裝筆挺的企業人士，一個負債累累，只能仰人鼻息。電影裡，金爸屢次跟上司攀談：「您很愛您的妻子吧？」、「做丈夫的就是這樣啊！」這樣的對談，更像是男人與男人之間的對話，金爸試圖用「同為丈夫／父親／男人」的話題，與上司取得某種平等。

但這樣的話題涉及個人隱私，容易越界。當金爸屢次跟上司聊起夫妻話題，前幾次男主人還客氣回應，最後一次，男主人很明確地拉開界線，表達「你是員工，完成你的工作就好。」

而金爸和家人趁著上司全家外出，大搖大擺地在豪宅喝酒享受，在主人回來後只能如蟑螂般四處逃竄。最後躲在桌下，聽到男主人說他身上有著一股味道（長期住在地下室的霉味），在在都刺激著金爸的自尊。

電影最後，最終刺激金爸舉刀刺向上司的，就是上司一個「掩鼻」的動作。

很多影評把這段解釋為「窮人對富人的復仇」，但我想問的是，在整部電影裡，富人給出高薪職位，工作內容也還算合理，其實並無虧待金家，金家的「復仇」從何而來？

其實，自尊心很高，感覺被羞辱，卻一直搞不清狀況的，一直是金爸。

孔乙己和金爸，一邊試圖維繫著他們殘破的自尊，卻又不肯正視自己的問題。

實力不足又不肯好好努力，當自尊受損時，只能用更糟糕的方式捍衛，一再惡性循環。

還是，早已淪落成自憐自艾的「受害人心態」，一邊嚷嚷著「你們不懂！」「如果我有錢，我也……」，一邊重複著輸家模式？

比貧窮可怕的，其實是貧窮的思維模式。「貧」是經濟上的劣勢，但「窮」是慣性所造成的循環，是一種不去設想未來的絕望。

孔金二者，其實還未到山窮水盡，卻自行否定了他們的未來。

這樣慣性的思維模式，不但導致自身行為的惡性循環，甚至會影響他與群體的互動關係。

你可以選擇自己想要的樣子

魯迅〈孔乙己〉與電影《寄生上流》（下）

君子不器，溫厚存心

〈孔乙己〉和《寄生上流》中，窮人對富人崇拜、妒羨，在階級固化的既有框架中，富人橫行霸道、為富不仁，也很容易被視為「有錢人本來就這樣」的常態。

貧富之間鴻溝難平，要相互理解不易，但我更想探討的是——同為下層階級的彼此，是否就會相濡以沫，互相憐惜？

我們在電影裡看到，當前任管家歸來，掌握到金家把柄時，兩個家庭是自相殘殺。前管家夫婦以把柄恣意羞辱金家、取笑為樂；而金家逮到反撲機會攻擊，甚至失手殺人。同為「寄生上流」、處境最相似的兩個家庭，在發現彼此弱點的當下，只想著如何把對方踩下去。

而孔乙己，游離在士人和勞動階級兩個族群中的邊緣分子，更得不到一絲接納。丁舉人對「科舉制度下的失敗者」沒有任何同情，動用私刑將孔打成殘廢；而酒店中的人們，也是將孔乙己當成取笑對象，每一次看到孔乙己，總是要拿他平生最痛大作攻擊：「你為什麼考不上呢？」「你是不是又偷書了？」

魯迅說，**弱者揮刀，卻是朝向更弱小的對象**。

讓人嗟嘆的是，在這兩部作品中，我們確實都看到，弱小的人們，嘲笑踩踏起更弱小的對象，反而更加不留情面。

奉俊昊導演曾說：

不只富人急著強調與窮人之間的界線，就連同樣處境的貧困人家也都急著在彼此之間區分差異，彰顯了階級制度所取得的荒謬成功，既得利益者維護階級界線是常態，但受到壓迫者為何也反過來維護這套壓迫的體系？

大家都是金字塔底層的弱者，但長久困於這個金字塔中，也早已接受了這個框架。

所以，只要把對方踩下去，我就好像又上升了一點。

所以，只要把對方踩下去，我就不是最失敗的。

在這心態下，明明不是罪大惡極的人，明明都是受過傷的人，也可能對團體中的弱勢者做出殘忍的事。

在心理學上有一個「黑羊效應」，指的是「一群好人」欺負一個「好人」，其他「好人」卻坐視不管的現象。

誘發黑羊效應，需要三種角色：

1. 黑羊（受害者）：他可能什麼也沒做，但在團體中格格不入，就成了攻擊對象。

2. 屠夫（加害者）：即使缺乏證據，但基於某種「正義感」，而撻伐制裁黑羊。

而孔乙己游離於兩個群體之外，格格不入的他，正是名符其實的「黑羊」；而酒館裡客人最愛奚落他的，正是他的「竊書」罪刑。

是的，孔乙己的確有錯，而加害者們，也抓到充分理由揮舞「正義」的制裁大旗，群起撻伐犯錯的黑羊。

還有一群文本中沒多做筆墨的客人們，當孔乙己被嘲笑之際，他們可能沒說話，就只是跟著發笑，或者是作壁上觀。

他們就是第三個關鍵角色：**白羊（旁觀者）**。

他們目睹事件過程，但就只是個「**看客**」。

無論是孔乙己、還是其他奚落訕笑的客人，就算是刻薄貪財的掌櫃，他們不完美，但他們也不是什麼大奸大惡的壞人。一群「頂多小惡」的人們，最後卻構築了〈孔乙己〉這篇涼薄的故事。

為什麼？

生活已經夠苦了，為什麼同樣處境的人，還要相互踩踏，而不選擇相濡以沫？

學生說，可能是因為留給底層的資源太少了，為了爭取資源，反而更要把對手擠下去。

那麼，從資源分配的角度來看，《寄生上流》裡那句名台詞：「因為有錢，所以才能善良。」是否可以成立？

這是我最後一個問題，而孩子們給了我精彩的回覆：

一派同學認為，沒錯，當我有一百塊時，捐出兩塊錢輕而易舉；但當我只有十塊時，捐出兩塊就必須斟酌——行善前斟酌自身能力，這是現實。行有餘力，才能行善。

另一派同學認為，若只將「善良」定義成物資捐贈方面的善，窮人確實不易行善。但善良也可以是溫暖心意，對別人關懷、扶起摔倒的人，這些小事無關物質，卻依舊為善。

你贊成哪一派的說法呢？

孟子曾說：「有恆產者有恆心，無恆產者無恆心。」有穩定生活的人才會重視安穩、強調道德法治；而一無所有的人，鋌而走險的機率大增。所以就政府而言，想要人民具有公民素養，一定要先實行「民富」。

因貧窮而道德感低下，對此我們應哀矜勿喜；但這不代表「沒錢＝不善良」，如果此項條件成立，無疑是對窮人最大的歧視。

孟子也說了：「無恆產而能恆心者，惟士而能。」一個對自己有所要求的人，即使在貧困之下，還是能靠自己的抉擇，選擇「善」的作為。

在那一刻，他就足以稱作「君子」。

君子和小人之分，很多時候，只在抉擇之間。

學生分享的最後一段話，讓我非常感動：

「金太太說，只要有錢，就能像熨斗一樣熨平所有的皺褶。如果說皺褶指的是人心的傷痛，我們認為，真正能熨平人心傷痛的，應該還是善良。」

「如果你願意的話，再小的善舉都還是行善。」

所以，是否行善，還是個人抉擇的問題。

在孔乙己之後……

討論至此，孔乙己這課已到尾聲。

我走上台講評，也整理了最後三個結論：

一、悲劇到底源自社會？還是源自個人？

階級固化加深了起跑點的落差，所以你的成功，很可能並非百分之百源於你的努力。

但我們也從貧窮思維中發現，失敗者之所以無法翻身，很有可能源自其因循苟且的錯誤習慣。

如果總是將個人失敗歸因於社會不公，怨天尤人，那麼我們似乎忘了，整個生態界的定理就是「適者生存，不適者淘汰」，其它生物也是這樣艱辛的活著——或者我們說，生活本就是一場艱辛的淘汰賽。

你不動，就注定淘汰。

二、人是有選擇權的

電影《魔戒》裡，只因繼承了魔戒，就莫名其妙背負「摧毀魔戒才能拯救世界」大任的主角，佛羅多，曾說：「我希望魔戒從未落到我身上。」

巫師甘道夫回答：

「人們無法決定自己要活在什麼時局。唯一能決定的是，當時局降臨在我們身上時，你要怎麼應對。」

就像孔乙己和金家，其實他們都有選擇權，但他們總會催眠自己「無從可選」、「迫不得已」。

我們不能選擇時局，但怎麼應對，至少是操之在己。

我們不能選擇經驗，但能將經驗賦予意義的，始終是我們自己。

三、對失敗者，多一分溫厚

同樣的，如果你是這場社會遊戲的勝利者，請對輸家多一些溫厚。

因為在這課中，我們已經知道了，社會競爭是件非常不容易的事：你的成功並非全然操之在己，他們的失敗也並非全是懶惰不夠努力。

美國經典小說《大亨小傳》開篇就是一段父親對兒子的忠告：

「每當你覺得想要批評什麼人的時候，你要切記，並非所有人都具有你所秉有的條件。」

多一分體諒、多一分尊重，我們的刀，可以選擇不要砍向更弱的人們。

最後，我想用《易經》裡的兩句話，作為全課的收束：

「天行健，君子以自強不息。」

乾卦為天，這提醒著我們，自強不息為萬物生存之理，只有不斷提升自我，才能避免被淘汰；

但下一句：

「地勢坤，君子以厚德載物。」

當你成為遊戲勝者時，也別忘了——生活已經夠苦了，別再往別人身上補刀。

坤卦為地，如大地般包容同理他人，你可以選擇與人為善。

善良是一種選擇，而只有你自己，可以選擇自己想要的樣子。

君子不器，溫厚存心，

這也是我所期許的，我選擇想要成為的樣子。

附錄

魯迅〈孔乙己〉VS 電影《寄生上流》文本對讀學習單

請參考《寄生上流》這部電影，找到電影與〈孔乙己〉的相似之處：

一、人物設計

請分析孔乙己與電影中金氏一家人，並填寫以下表格：

	孔乙己	金氏一家
命名設計		
優勢背景		
劣勢背景		
導致陷入失敗循環的貧窮思維		

二、建築

請分析〈孔乙己〉與《寄生上流》中的建築設計，如何劃分出社會兩個世界？

	孔乙己	金氏一家
建築設計	建築物： 空間設計：	建築物： 空間設計：

三、階級

請比較〈孔乙己〉與《寄生上流》中，貧富各階級中的人們互動的狀況：

	孔乙己	金氏一家
富↓貧		
貧↓富		
貧↓貧		

申論題：金太太說：「因為有錢，所以才能善良」，你認同她的理論嗎？為什麼？

課堂操作說明

1. 個人完成一整張學習單較為不易，所以我是讓各組認領各一單元。
2. 「導致陷入失敗循環的貧窮思維」，以及「是否認同善良＝有錢」這兩單元，由於較具討論空間，可由兩組以上負責，更能引發全班共同思辯。
3. 〈孔乙己〉的部分，由於課文我已於課堂上講解完畢，所以學生其實只需討論電影的部分便好。
4. 各組需產出簡報，並於口頭發表後，在規定時間內修改簡報後上傳雲端。
5. 各組上傳後，學生可個人完成整份學習單，並參考各組簡報。
6. 最後一題為個人申論題，可由學生自由發揮。

完整的學習單 PDF 檔
請掃描 QR code 下載

各界好評推薦

羊咩老師以深情文字交織影劇、漫畫與人生，彩繪出國文課新風景，讓思維跨越邊界，讓感悟沁入人心。

——王文仁／「文科教授跨域國文學習筆記」粉專版主、虎尾科大語言中心教授

羊咩老師以古文經典智慧為舟，載著讀者穿越思想文海，在生命起伏的漣漪中，映照出自我溫潤而堅定的光芒。

——吳宜蓉／高雄市陽明國中歷史教師

楊明上一本書在華山發表，當時我站著聽到一半現場才出現空位，她講張愛玲、蕭峰，講到透入人性深處，是那種你會被她的某個觀點吸引而不感到疲累的講者，書也是如此，像把解剖刀，剖開人性、人生的最深層讓你看。

——林佳樺／作家

國文即是人生，人生所有的答案都在國文課本裡；謝謝羊咩老師用更有趣、廣博的方式帶領大家進入國文堂奧，有了名師引路相信你不僅愛上國文，還能深刻領略人生。

——陳怡嘉／教師、作家、講師

不喜歡國文課沒關係，先讓羊咩老師為你說故事，從古文跨越千年蘊藏的真情與智慧，讓我們在低沉中看見優雅起身，人生從此更有深度與光彩。

——綠君麻麻／作家、閱讀推廣者

用《韓非子》連結《甄嬛傳》；用〈歸去來辭〉闡釋《俗女養成記》。這樣創意無限的《第二堂人生國文課》，你怎能錯過？

——蔡淇華／惠文高中圖書館主任

總有人說，國文是「無用之學」，但知識豈能以「有用」或「無用」簡單劃分？羊咩的這本書，是一帖現代人的療癒解方，透過古文連結戲劇，再回到自我叩問，每一個提問，都是對生命與生活的探求，讓我們在時代的洪流中，找到安身立命的智慧。

——李慢慢的玩轉—故事課

文學真的是可以治癒人心的，感謝羊咩老師再次證明了這一點！

——三國歷史作者：說書人柳豫

從國文中學到生命體悟，謝謝羊咩老師教給我們的國文課！

——趙逸帆／不帆心家庭教室親職講師

讀這本書，就像收穫了人生路上的驚喜包！原來孔乙己離我們這麼近，蘇軾也曾是個迷惘青年，秦朝丞相李斯當年的職涯發展又是如何選擇？能把國文課本跟連續劇、漫畫、流行歌曲還有ＡＩ結合！讓你輕鬆笑著又流淚看完的幽默的筆觸，我也想成為像羊咩老師這樣有趣的大人。

——曾荃鈺／中華民國運動員生涯規劃發展協會理事長

一直很佩服羊咩老師在書寫自己的人生故事時，誠懇而坦然的自我剖析。她將自己的生命與古人的文章做連結，於是國文課文不再是死板的知識，而是一篇篇活靈活現、躍然紙上的生動作品。羊咩老師的文字可以幽默可以溫柔，讀完她的著作，靈魂彷彿也得到了治癒。

——楊元安／特教教師、作家

千呼萬喚始出來！羊咩老師溫柔的第二堂人生國文課，你千萬不可錯過!!

——Vito 大叔／設計人生教練、人氣播客、圖文作家

喜歡羊咩老師溫柔且深刻的筆觸，帶領讀者在生活與文學間尋找人生答案，推薦必讀！

——小印／《財富自由的整理鍊金術》作者、整理鍊金術師

一堂帶你遊覽人性幽微與複雜的國文課，能帶領讀者探尋心目中的桃花源，一起思辨所有抉擇的美好與代價。

——周維毅／《小大人的公民素養課》作者、創新教學獎得主

第二堂 人生國文課

以文字為燈，一場國文課的溫柔革命

作者　羊咩老師（楊明）
行銷企畫　劉妍伶、王芃歡
封面設計　陳文德
內文構成　賴姵伶
責任編輯　汪若蘭

發行人　王榮文
出版發行　遠流出版事業股份有限公司
地址　104005 臺北市中山區中山北路 1 段 11 號 13 樓
電話　02-2571-0297
傳真　02-2571-0197
郵撥　0189456-1
著作權顧問　蕭雄淋律師

2025 年 3 月 31 日　初版一刷
2025 年 5 月 5 日　初版二刷
定價　平裝新台幣 380 元（如有缺頁或破損，請寄回更換）

ISBN：978-626-418-112-9
遠流博識網 http://www.ylib.com E-mail: ylib@ylib.com

第二堂人生國文課：以文字為燈，一場國文課的溫柔革命 / 羊咩老師 (楊明) 著 . -- 初版 . -- 臺北市：遠流出版事業股份有限公司 , 2025.03
面；　公分
ISBN 978-626-418-112-9(平裝)
1.CST: 人生哲學 2.CST: 中國文學
191.9　　114000827

閱讀筆記

閱讀筆記